Les secrets de Dame Nature

La beauté au naturel

SOPHIE-SARAH KOLOVATOVA

Les secrets de Dame Nature

La beauté au naturel

AMRITA

CHEZ LE MEME EDITEUR

LES PIERRES, traditions initiatiques d'hier et d'aujourd'hui
de Arati Brandy

MEDITATIONS ET BENEDICTIONS ESSENIENNES
de Danaan Parry

CELUI QUI VIENT
de Anne et Daniel Meurois-Givaudan

VISIONS ESSENIENNES
de Daniel Meurois-Givaudan

LES DOSSIERS, CELUI QUI VIENT - T2
de Anne Meurois-Givaudan

FEMMES DE LA NUIT DES TEMPS
de K. Langloh Parker

L'ESPRIT DE FINDHORN
de Eileen Caddy

A ...COMME BOUDDHA !
du Lama Jigméla Rinpoché

Dessin de couverture et dessins intérieurs de Christine Pignier.

Le catalogue des Editions AMRITA est adressé franco sur simple demande

Editions AMRITA
24 580 - Plazac - France
Tél. : 05.53.50.79.54 - Fax : 05.53.50.80.20

Sommaire

« A maman, qui, de toute façon, sera toujours
la plus belle et la plus jeune. »

Introduction

Etre belle. Depuis le fin fond des temps cela a été le rêve de toute femme. Et si le camouflage, plus communément appelé maquillage, a révolutionné le monde de la beauté en faisant son apparition et en permettant aux femmes de parfaire ou de mettre en valeur leur beauté naturelle, voire de s'en créer une artificielle, le désir de préserver cette beauté est resté non seulement aussi fort qu'auparavant, mais a même crû encore plus. Paradoxe ? Point, car à côté des femmes parées de mille et un artifices, peut-on rester insensible et ne pas donner la préférence à un teint rose, un œil lumineux et des cheveux brillants, en un mot à une beauté qui respire la Nature ? C'est pour cela que, Mesdames, nous continuons à défendre bec et ongles ce qui, avouons-le, reste notre atout principal.

Les industriels et les commerciaux ont bien compris que "tant qu'il y aura des femmes", ce serait là un filon inépuisable. Et comme les estimations démographiques nous placent devant la gente masculine, il est évident que nous ne sommes pas prêtes à déserter cette planète.

Aussi les fabriques produisant les produits de beauté, la publicité les vantant et les magasins les distribuant ont-ils encore une longue vie devant eux. Avez-vous remarqué que le domaine de la beauté est un des rares qui ne soit jamais touché par la crise ?

Mais la beauté, comme tout produit de la mode, est chose capricieuse qui suit l'évolution de la société. Notre époque est incontestablement celle du retour à la Nature. Et ici la mode se conjugue, à long terme, avec la question de survie. La pollution de notre planète par les produits chimiques a atteint un tel degré que la protection de l'environnement est devenue une nécessité quasi absolue.

Ce phénomène a fortement influencé le domaine des produits cosmétiques. En effet, de plus en plus de marques se tournent vers les produits à base de plantes et de fruits qui connaissent un grand succès auprès des consommatrices.

Mais avez-vous jamais pris la peine de lire attentivement la composition de vos crèmes, lotions, shampooings... ? Des mots comme tocophéryl méthylsilanol, éthyl linoléate, titanium dioxide, propylparaben vous sautent aux yeux et agressent déjà votre vue et votre ouïe. Alors imaginez leur impact sur votre peau ! Bien sûr, tous ces produits sont testés en laboratoire, certains sont même vendus en pharmacie et garantis hypoallergéniques. Cependant chaque peau a ses caprices et la vôtre peut refuser tous ces acétates même testés et garantis. Les dermatologues sont formels, les eczémas, dermatites et autres allergies dus à l'utilisation de produits cosmétiques ne se comptent pas sur les doigts d'une main, ni même de deux.

D'ailleurs, en ce qui concerne ces tests, nous sommes de plus en plus nombreux à nous insurger contre la pratique de l'expérimentation animale pour satisfaire nos exigences en beauté. Alors que des méthodes substitutives d'une fiabilité absolue – puisque des marques de renommée mondiale les utilisent avec succès – existent depuis plusieurs années, nombreux encore sont ceux qui persistent à martyriser des animaux au nom de... Au nom de leur seule rentabilité, avouons-le, car investir dans des méthodes ex-vitro (sur protéines végétales) entraînerait une dépense qu'ils jugent inutile. C'est ainsi qu'à l'aube du XXIe siècle, on continue à brûler vives des souris sous des lampes à rayons ultraviolets pour tester des produits solaires, à faire avaler de force des shampooings et des liquides corrosifs à divers animaux, à inciser leur peau, puis à les enduire de produits afin de constater les érythèmes, les œdèmes, les plaies suppurantes, en un mot les dégâts provoqués, à brûler leurs yeux avec des substances plus ou moins virulentes...

Avez-vous envie d'un rouge à lèvres qui crie en silence la souffrance d'un animal martyr ? La futilité contre une vie. Et dans ce combat inégal et honteux, la première l'emporte.

A la fin de ce livre sont citées les marques qui ont refusé de faire rimer beauté avec cruauté. Quant aux produits que vous fabriquerez chez vous, il est évident que leur innocuité est garantie à condition, bien entendu, de respecter scrupuleusement les règles de préparation et d'hygiène.

Alors, soyons belles et soyons bonnes et, peut-être, arriverons-nous à rendre notre monde un peu meilleur et un peu plus beau.

Un peu d'histoire

Les plantes médicinales ont toutes été soumises à un test de fiabilité incontestable : celui du Temps. Il est d'usage de considérer comme berceau de la cosmétique l'Egypte ancienne, où les moyens cosmétiques étaient déjà en vogue il y a plus de 4 000 ans. Dans les tombeaux d'inhumation antiques on a retrouvé des vases avec des pommades, différents parfums à base de benjoin, de myrrhe, d'huile de lavande et de rose. Les secrets de la préparation de toute une série de soins cosmétiques étaient alors détenus par les prêtres. Ils utilisaient des plantes comme l'aloès, l'anis, le lin, le pavot, le genévrier, la menthe, le plantain, les olives, le cèdre, etc. Le premier document comportant la liste des règles de la cosmétique a été trouvé dans un des tombeaux égyptiens. C'était une recette géante rédigée par les prêtres 1 500 ans av. J.-C. sur un papyrus d'une longueur d'environ 21 m. L'égyptologue allemand Georg Ebers l'a acquise en 1875 et l'a fait par la suite publier. Cette liste porte le nom de "Papyrus d'Ebers". Il comprend toute une série de recettes cosmétiques (par exemple, comment lisser les rides, teindre les cheveux, stimuler leur croissance, se débarrasser des verrues, etc.) dans la composition desquelles on trouve principalement des plantes. Certaines des recettes citées dans ce papyrus sont encore utilisées de nos jours. Toujours en Egypte a été trouvé également le premier guide en cosmétique, rédigé par l'impératrice Cléopâtre (Ier s. av. J.-C.). Certaines de ses recettes nous sont parvenues intactes dans leur mode d'emploi.

La cosmétique était également largement employée dans les pays d'Extrême-Orient. Des preuves permettent d'affirmer, par exemple, que 500 ans av. J.-C. les femmes d'Assyrie badigeonnaient leur corps avec des parfums et des huiles odorantes, tandis que les hommes aspergeaient leurs cheveux avec des infusions de plantes aromatiques. Parallèlement, en Perse antique, on préparait à partir de plantes des huiles aromatiques, des pommades, des teintures. Les remèdes aussi célèbres que le henné sont originaires de la Perse antique.

L'expérience dans ce domaine des Egyptiens a été transmise aux Grecs. Ce sont eux d'ailleurs qui ont introduit le mot "cosmétique" qui signifie "art de parer". Dans la Grèce antique et à Rome, les esclaves qui avaient en charge les soins embellisseurs du corps et du visage des femmes s'appelaient des "cosmètes". Le père de la médecine, Hippocrate (V-IVes s. av. J.-C.), maintes fois fait référence dans ses travaux aux plantes médicinales comme moyen incontestable pour préserver, voire rétablir la beauté féminine. Son élève et disciple, Diocle, recommandait divers masques et pommades pour adoucir la peau. Il a notamment écrit un ouvrage de cosmétique en quatre volumes où il donnait des conseils pour les soins de la peau du visage, des yeux, des dents, des ongles, des cheveux, à l'aide de produits essentiellement à base de plantes.

C'est incontestablement dans la Rome antique que la cosmétique a atteint son apogée. Les poètes romains Ovide et Horace célébraient dans leurs vers les secrets cosmétiques des femmes. L'usage des pommades, masques, lotions, était très répandu chez les Romaines. La mode était alors aux cheveux blonds et on a retrouvé une recette pour éclaircir les cheveux noirs : les cheveux étaient lotionnés avec une éponge imprégnée d'un mélange de lait de chèvre et de cendres d'arbres cupulifères, et ensuite décolorés au moyen d'une exposition prolongée au soleil. Dans les fameux bains romains on employait les huiles et les essences les plus diverses. Le célèbre médecin romain Galène (environ 130-200 ans av. J.-C.) distinguait la cosmétique ayant pour but le camouflage des défauts cosmétiques (c.-à-d. le maquillage) et la cosmétique comme moyen de préserver la beauté naturelle.

On trouve également de nombreuses recettes cosmétiques dans l'ouvrage du célèbre savant arabo-islamique Avicenne, "le Canon de la médecine". Parmi les plantes qu'il décrivait comme bénéfiques pour les soins cosmétiques citons l'acore, le coing, l'aloès, le raisin, le grenat, le melon, le lin, le citron, l'oignon, la menthe, la noix, la pêche, le persil, la rhubarbe, le radis, la betterave, l'ail.

Au Moyen Age le développement de la cosmétique a été freiné, car l'Eglise poursuivait ceux qui essayaient de soigner leur "corps de pécheurs". Mais à l'époque de la Renaissance elle a à nouveau connu un grand essor en Europe, bien que cette fois-ci elle eût un caractère plutôt décoratif que médicinal. Par exemple, en France il était d'usage de recouvrir le visage avec une couche de blanc et d'y apposer des mouches. L'hygiène du corps et du visage a été reléguée au dernier plan. Même au Palais royal de Versailles, où on comptait plus de deux mille pièces, il n'y avait alors pas une seule salle de bain !

C'est seulement à partir du milieu de XVIIIe s. que la cosmétique a commencé à se développer comme une science moderne et on peut considérer le XIXe s. comme son grand tournant. A cette époque, dans de nombreux pays, on a commencé à construire de grandes fabriques de production de parfums et de produits cosmétiques. Cela a nécessité la participation d'un large cercle de spécialistes : médecins, chimistes, pharmacologues, physiologistes, etc. La cosmétique s'est enrichie en connaissances et a commencé à se transformer en une science nouvelle et indépendante : la cosmétologie.

Les trésors cachés des plantes, fruits et légumes

L'action curative des plantes, fruits et légumes est due à la présence de nombreuses substances actives biologiques. Ces substances ont une influence des plus bénéfiques sur le processus des échanges cellulaires de la peau, de même qu'une action antiseptique, calmante, astringente, tonifiante, calmante et anti-inflammatoire. D'une composition très variée, ces substances appartiennent à diverses classes de combinaisons chimiques – sucres, acides organiques, huiles grasses et volatiles, vitamines, substances muqueuses, tanniques et minérales, alcaloïdes, etc. Elles se trouvent dans les plantes dans des proportions bien déterminées, fixées lors du processus d'échange des plantes (organismes végétaux) et leur milieu naturel. C'est là que réside l'immense avantage des plantes par rapport à toutes les préparations issues de la synthèse ou de la transformation des plantes.

Montrons, pour l'exemple, plus en détail, l'action prépondérante de quelques unes de ces substances sur la peau.

SUCRES : les plantes, fruits et légumes (organismes végétaux) contiennent du glucose, du saccharose, du fructose, etc. Le glucose se trouve dans les parties vertes des plantes : dans les graines, les baies et les fruits divers. C'est surtout le raisin qui en contient le plus. Le glucose joue un rôle important dans le métabolisme, contribue à un meilleur apport en vitamines de la peau, retient l'eau nécessaire dans les cellules, ce qui maintient un bon équilibre en hydratation et prévient l'apparition des rides.

ACIDES ORGANIQUES (des pommes, citrons, vin, vinaigre, épinards, etc.) : se trouvent dans le jus cellulaire de la plupart des plantes et jouent un grand rôle dans le métabolisme.

HUILES VOLATILES : le parfum de nombreuses plantes médicinales est déterminé par les huiles volatiles qu'elles contiennent et qui s'amassent, soit à l'extérieur, soit à l'intérieur des plantes. Les huiles volatiles ont une action astringente, bactéricide, anti-inflammatoire et cicatrisante. Grâce à leurs propriétés aromatiques elles sont utilisées dans l'industrie cosmétique et la parfumerie (huile de rose, de menthe, etc.). La présence d'azulène – une des composantes de l'huile volatile et qu'on trouve dans la camomille – le millefeuille et autres, améliore la régénération des cellules de la peau, augmente le métabolisme, a une influence très favorable sur la peau en cas de coups de soleil et d'irritations ; entre enfin dans la composition des soins pour les cheveux.

HUILES GRASSES (d'amande, olive, ricin, maïs, tournesol, etc.) : préviennent le dessèchement de la peau, la rendent élastique, douce et ferme, protègent de la poussière, du froid, du soleil et de toutes les autres agressions extérieures. Les huiles grasses entrent dans la composition des crèmes qui adoucissent la peau, guérissent les gerçures ; elles contribuent également à la pousse des cheveux. Elles sont surtout essentielles pour une peau sèche, mais une peau grasse a également besoin d'un certain apport en substances grasses, car elles sont l'unique moyen qui permette de véhiculer les substances actives indispensables dans les couches profondes de la peau.

TANNINS : ont une action bactéricide, astringente et anti-inflammatoire. Ils tonifient la peau, calment l'irritation. Les tannins sont efficaces pour lutter contre la séborrhée du visage, pour les peaux aux pores dilatés et qui présentent une tendance aux comédons, pour renforcer les cheveux, pour régulariser la transpiration. On les trouve dans l'écorce du chêne, dans la rhubarbe, le millefeuille, la sauge, l'absinthe, etc.

PECTINES : sont des substances refroidissantes. Elles réduisent l'activité des micro-organismes nocifs, stoppent les processus putrides, contribuent à la cicatrisation des plaies, rajeunissent et rafraîchissent la peau. Elles se trouvent dans les oranges (surtout dans le zeste), la cerise, le citron, la betterave, la prune, les pommes, etc.

MUCILAGES : gonflent quand on les fait bouillir pour ensuite former une masse visqueuse. Ils ont une action adoucissante, cicatrisante et enveloppante.

RÉSINES : substances organiques dures ou semi-liquides avec une odeur caractéristique et qui se rapprochent par leur composition des huiles volatiles. En usage externe elles ont une action désinfectante et cicatrisante.

SAPONINES : agitées avec de l'eau, elles donnent une mousse savonneuse. Elles ont une très grande activité biologique. En cosmétique, on les utilise dans les soins destinés à stimuler la pousse des cheveux. Elles se trouvent dans le jus cellulaire des plantes.

SELS MINÉRAUX : jouent un rôle important dans le métabolisme.

VITAMINES : forment un groupe de substances physiologiques actives indispensables à l'activité de l'organisme. Elles participent à tous les processus du métabolisme, ont une action des plus bénéfiques sur la peau, stimulent l'activité de ses cellules, éliminent la flaccidité, augmentent le tonus. Les matières premières végétales sont une source inestimable de vitamines. On connaît plus de 20 vitamines naturelles, dont la plupart se trouvent dans les plantes à l'état pur.

RETINOL (vitamine A). Les plantes comportent la provitamine A, appelée aussi carotène qui se transforme dans l'organisme humain en vitamine. On trouve la carotène en grandes quantités surtout dans les carottes, la betterave, les tomates, le persil, l'ortie, le millefeuille, le melon, le potiron, les prunes, les abricots, les pêches, les noix, la groseille à maquereau, la sorbe. Une carence en vitamine A dans l'organisme a pour conséquence un grisonnement précoce, des cheveux cassants, une peau sèche, rêche, avec une tendance à peler, l'apparition de rides et de comédons, des ongles fragiles. Son application produit un effet très bénéfique en cas de peau et de cheveux secs, de séborrhée, de comédons, de gerçures.

THIAMINE (vitamine B1) : est surtout efficace en cas de comédons, de taches de pigmentation, de dermatites, de chute et d'une mauvaise pousse des cheveux, de leur grisonnement. Elle se trouve dans l'ortie, la banane, le raisin, la framboise, le citron, la pastèque, le lin, le chou, la pomme de terre, la betterave, la courgette, la mouture de riz et de blé, la levure fraîche de boulanger, etc.

RIBOFLAVINE (vitamine B2) : aide en cas de séborrhée et de chute de cheveux que celle-ci peut entraîner, de comédons, gerçures et craquèlement des coins des lèvres. Elle exerce également une action bénéfique sur la peau vieillissante. Elle se trouve dans les graminées, la courgette, le chou, la pomme de terre, l'oignon, l'abricot, le citron, la framboise, l'ortie, la rhubarbe, la camomille, etc.

NICOTINAMIDE (vitamine B3) : est indispensable pour le processus du métabolisme, règle la formation du pigment dans les cheveux. En cas de carence, les cheveux ont tendance à grisonner d'une façon précoce et tombent. On l'utilise dans les cas de peau sèche et flasque, de séborrhée, pour une cicatrisation rapide des plaies, des brûlures et des ulcères. Elle se trouve dans la mouture de riz, le blé, la carotte, le concombre, le persil, la salade, la prune, le cassis, la tomate, le potiron, la courgette, la levure fraîche de boulanger, les légumineuses, etc.

PYRIDOXINE (vitamine B6) : est utile en cas de séborrhée, de comédons, de chute des cheveux due à la séborrhée, de dermatites. En cas de carence on assiste à une atrophie des cellules de l'épiderme, des racines des cheveux et des glandes sébacées. Elle se trouve dans l'oignon, la pomme de terre, le chou, le concombre, le persil, la tomate, le riz, le blé, l'absinthe, dans bon nombre de fruits et de baies (raisin, framboise, etc.)

ACIDE FOLIQUE (vitamine B9) : stimule l'activité de la peau, contribue à une bonne croissance des cheveux, est efficace pour lutter contre les rides, les comédons roses, les dermatoses. Il se trouve dans la pastèque, le melon, le chou, la carotte, l'oignon, le persil, la salade, la tomate, la pomme, la levure fraîche de boulanger, le blé, le seigle.

CYANOCOBALAMINE (vitamine B12) : est efficace en cas de séborrhée, de chute de cheveux, de comédons de toutes sortes, de dermatoses. Elle se trouve dans les produits issues des animaux et plus rarement dans certaines plantes, en particulier dans le raisin.

ACIDE ASCORBIQUE (vitamine C) : est recommandé en cas de peau flasque, de comédons roses, de taches de rousseur, de maladies des cheveux, de dermatoses. Il améliore efficacement l'état d'une peau grasse et présentant les premiers signes de vieillissement. Sa carence augmente la pigmentation de la peau. Il se trouve essentiellement dans la courgette, le chou, la pomme de terre, l'oignon vert, le persil, la betterave, la tomate, le radis, le fenouil, l'ail, l'orange, le citron et autres agrumes, le raisin, la cerise, la framboise, la pomme, l'airelle, la sorbe, l'ortie, le pissenlit et de nombreuses autres plantes.

TOCOPHEROL (vitamine E) : s'utilise surtout de pair avec la vitamine A en cas de peau flasque et flétrie, de séborrhée, de comédons de toutes sortes, de dermatoses. Il se trouve dans les oranges, les bananes, la cerise, la groseille à maquereau, la sorbe, le cassis, la groseille, la prune, l'oignon, la carotte, le persil, la salade, le pissenlit. On la trouve également en grande quantité dans les huiles végétales – de maïs, de tournesol, etc.

BIOTINE (vitamine H) : sa carence entraîne un développement de dermatoses, une hyperpigmentation, une dérégulation de la croissance des ongles. Elle exerce une action bénéfique en cas de séborrhée, de rides, de peau flasque et grasse, de comédons, de calvitie. Elle se trouve dans l'oignon, la carotte, le concombre, la salade, la tomate, le cassis, la groseille, la levure fraîche de boulanger, la farine de blé, les pois.

VITAMINE K : augmente la résistance des capillaires, contribue à l'arrêt de différentes congestions et hémorragies dans la peau, accélère la cicatrisation des plaies et des ulcères. Une de ces vitamines (K1) se trouve dans les parties vertes des plantes – ortie, absinthe, plantain, millefeuille, raisin, prune, obier, thé, pomme de terre, fane de carotte, graminées.

CATECHINE (vitamine P) : est efficace en cas de comédons roses, de rougeurs du visage, de chute de cheveux. Elle se trouve dans différents légumes et fruits (chou, betterave, prune, sorbe, cassis, raisin, noix) et dans des plantes médicinales (menthe, camomille, etc.).

VITAMINE PP : est utilisée en cas de séborrhée, de comédons de toutes sortes, de chute de cheveux, de dermatoses et de peau sèche, rêche et irritée. Elle augmente le ravitaillement des cellules de la peau et accélère la cicatrisation des plaies et des ulcères. Elle se trouve en plus ou moins grandes quantités dans les graminées, les légumineuses, les fruits et autres plantes (mouture de blé, pastèque, courgette, chou, betterave, tomate, potiron, raifort, ail, abricot, orange, banane, concombre, persil, salade, carotte, framboise, chêne, rose, thé, rhubarbe, etc.).

VITAMINE U : est efficace en cas de séborrhée. Elle est utilisée pour lotionner une peau grasse. Elle se trouve dans le jus de légumes et de fruits, essentiellement dans le chou, ainsi que dans les graminées et les huiles végétales.

Identification, récolte et conservation

Le règne végétal comporte tellement de variétés qu'il semble, à première vue, tout à fait impossible de les soumettre à une classification quelconque. Pourtant, la Nature crée selon des modèles et, après de longs efforts d'identification et de classement, on est parvenu à répartir les plantes en une centaine de familles. Chaque famille pouvant, à son tour être subdivisée, en s'appuyant sur des critères morphologiques en genres pour aboutir ensuite à l'espèce. Si les genres d'une famille se distinguent facilement les uns des autres, les espèces d'un même genre, au contraire, se ressemblent beaucoup, d'où le risque d'une confusion.

Pour pouvoir identifier une plante, il paraît donc nécessaire de savoir distinguer et étudier les parties constitutives : racine, tige, feuille, fleur, fruit... C'est un travail qui demande de la patience et, bien sûr, un intérêt pour la botanique.

Bien entendu, cela est tout à fait superflu pour les plantes bien connues, tels les soucis, la rose, la carotte ou l'ail. En ce qui concerne les plantes moins communes dans notre quotidien, il est possible de les cueillir sans s'adonner aux études de la botanique. Il suffit pour cela de se procurer un bon guide sur les plantes médicinales avec des planches en couleurs, en ayant, bien sûr, pris la peine auparavant de vérifier à quelle saison pousse(nt) la ou les plante(s) qu'on a l'intention de cueillir.

Beaucoup de substances biologiques actives, contenues dans toutes ou dans certaines parties des plantes, ont des effets bénéfiques sur l'état de la peau. Les plantes sont utilisées en cosmétique aussi bien fraîches que séchées. Avant la récolte il est indispensable de savoir quelles parties sont prêtes à être utilisées et de connaître les règles et les techniques de la cueillette.

On récolte les plantes au moment où la teneur des principes actifs est à son point optimal, mais il ne faut pas oublier que toutes les parties d'une seule et même plante ne sont pas "mûres" en même temps. On choisira de préférence un jour ensoleillé car, mouillées par la pluie ou la rosée, les plantes risquent de pourrir pendant le séchage. Pour la même raison, on ne lave pas les plantes.

Pour être assuré d'une qualité irréprochable et pour ne pas avoir de problèmes de conservation, on ne récoltera par jour que la quantité de plantes qui pourra être traitée aussitôt. On évite généralement de sécher les plantes au soleil.

Les fleurs doivent être cueillies tout au début de leur épanouissement, avant que les insectes ne les aient trop envahies et abîmées. Il faut les sécher immédiatement sur un papier propre, car ce sont là les parties les plus vulnérables et qui pourrissent le plus rapidement. Si on désire conserver la couleur des fleurs, il faut mettre celles-ci dans un endroit obscur. Les sommités fleuries sont suspendues en guirlandes dans un endroit aéré, au grenier de préférence.

Les feuilles sont récoltées avant et pendant la floraison. On les sèche en suspendant les plus grandes et en étalant les plus petites sur du papier ou des claies dans un endroit aéré. Leur séchage est le plus simple et ne pose généralement aucun problème. Il faut remarquer que certaines brunissent en séchant, ce qui est normal, et n'altère en rien leur qualité.

Les fruits nécessitent un séchage au four doux.

Les écorces et les racines doivent exceptionnellement être lavées, débarrassées de la terre, puis rapetissées. On choisira de préférence les plantes jeunes.

Les plantes entières doivent être débarrassées de toute terre et des parties flétries. On les suspend assez espacées en guirlande. Leur déshydratations dure souvent plusieurs jours.

Les plantes à huiles essentielles doivent être cueillies tôt le matin et séchées à l'ombre.

Le séchage est considéré comme achevé quand les feuilles et les fleurs peuvent être facilement réduites en poudre ; les tiges et les racines cassent, les fruits ne collent pas.

On conserve les plantes dans des paquets en papier, des sachets en tissu, des caisses et des cartons propres et secs, tapissés de papier et avec une bonne ventilation. Les plantes contenant des huiles volatiles doivent être conservées dans des récipients – en verre avec un bouchon à l'émeri ou – en métal avec un couvercle hermétique. On conserve les plantes odorantes séparément des plantes non odorantes. Les fruits séchés sont très hygroscopiques. Il est conseillé de les conserver dans des endroits secs, dans des courants d'air, dans des paquets en papier, par 200-300 g. Lors de la répartition dans les paquets, bocaux, caisses, etc., ne pas oublier d'étiqueter en précisant le nom de la plante et la date de la récolte.

Généralement on peut conserver les fleurs, les feuilles et l'herbe 1 à 2 ans, les fruits : 2 à 3 ans, l'écorce, les racines et les rhizomes : 3 à 5 ans. Cependant il n'est pas toujours évident de réunir à la maison les conditions optimales requises pour la conservation, ce qui accélère la détérioration des plantes. Dans ce cas, il est déconseillé de les conserver plus d'un an.

Préparation et utilisation des formes végétales en cosmétique maison

Les plantes peuvent être utilisées en cosmétique à l'état "brut" ou sous forme médicinale, c'est-à-dire naturelles mais légèrement transformées. Pour la préparation de ces dernières on utilise généralement des plantes séchées ou leurs différentes parties. Les substances actives sont extraites à l'aide de différents liquides. La plupart de ces substances sont solubles dans l'eau, mais certaines ne le sont que dans l'alcool ou dans les graisses. Il est d'usage d'émietter les plantes avant la préparation : les feuilles, les fleurs et l'herbe – généralement en particules de maximum 5 mm (les feuilles à pellicule dure : 1 mm) ; les racines, les rhizomes, l'écorce et les tiges : 3 mm ; les fruits et les graines : 0,5-1 mm.

Les décoctions et les infusions sont le moyen le plus simple pour extraire les substances biologiques actives. On coupe finement les feuilles, les fleurs et l'herbe ; on émiette les feuilles à pellicule dure ; on broie les racines et les rhizomes à l'aide d'un mortier ou d'un moulin à café ; on utilise les petites fleurs, les graines et les fruits entiers. (Ces indications sont utiles si vous cueillez et séchez vos plantes vous-même ou si vous les achetez en herboristerie en vrac. Autrement, les plantes sont vendues déjà prêtes à l'emploi.) Les infusions sont généralement préparées avec les parties qui poussent au-dessus du sol – fleurs, feuilles à pellicule tendre, herbe, fruits et graines ; les décoctions – avec les parties plus dures – feuilles à pellicule dure, racines, rhizomes et écorces. Les plantes contenant des huiles volatiles constituent une exception ; on ne peut les utiliser que pour préparer des infusions, car autrement elles perdent trop de substances aromatiques.

Une fois la plante préparée, on la recouvre avec de l'eau en quantité indiquée dans la recette. Si la quantité n'est pas indiquée, on se base sur un rapport de 1 : 10, c'est-à-dire 1 dose de plante pour 10 d'eau. Par exemple, pour obtenir 100 ml d'infusion il faut prendre 0,10 g de plante. Pour un usage externe on peut utiliser des extraits plus forts (2,5-5 : 10). Il est conseillé de peser les plantes avec une balance d'apothicaire. On peut également les mesurer avec des cuillères à café ou à soupe. Une cuillère à café contient environ 3 g de feuilles, fleurs ou herbe séchées et émiettées, 7 g de rhizomes, écorces ou racines, 12 g de bourgeons, graines et fruits.

LES INFUSIONS. – *Première méthode* : mettre les plantes dans un récipient en émail, en porcelaine ou en verre. Recouvrir avec de l'eau bouillante, couvrir et laisser infuser le temps indiqué. Si l'infusion est prolongée il est conseillé de couvrir le récipient avec une serviette.

N.B. : On peut utiliser de l'eau du robinet, mais la préparation sera plus pure et plus "minéralisante" si on utilise de l'eau minérale.

Il existe une *deuxième méthode* qui s'avère encore plus efficace : mettre les plantes dans un récipient en émail. Recouvrir avec de l'eau d'environ 20°. (Une eau plus chaude, surtout bouillante, entraîne une rapide coagulation des blancs contenus dans les cellules des plantes, ce qui empêche le passage des substances biologiques actives dans l'eau.) Couvrir et faire chauffer au bain-marie sans faire bouillir. En tenant compte de l'évaporation de l'eau et de son absorption par les plantes, il faut verser 15 -20 % d'eau de plus qu'indiqué dans la recette. Le temps du bain-marie est de 15 mn.

LES DÉCOCTIONS : se préparent de la même façon, mais on fait bouillir les plantes 30 mn (ou alors suivre les indications données dans la recette). Si on utilise de grandes quantités d'eau (plus d'1 l) il faut chauffer les infusions et les décoctions 10 mn de plus.

Après avoir fait chauffer la décoction ou l'infusion, on la laisse refroidir à température ambiante ; les infusions : 10 mn, les décoctions : 45 mn. Filtrer ensuite à travers un tissu ou une gaze pliée en deux. Presser le reste pour bien en extraire tout le liquide qu'on filtre également pour éviter de garder le moindre résidu. Si cela est indiqué, diluer ensuite avec de l'eau pour obtenir le volume désiré. Les décoctions et les infusions préparées à partir de plantes contenant des tannins (comme, par exemple, l'écorce de chêne) doivent être filtrées tout de suite après avoir été chauffées, car autrement elles deviennent rapidement troubles et pourrissent.

Il est impératif de préparer les décoctions et les infusions au moment du besoin, car la conservation leur fait perdre leurs vertus. On peut toutefois les conserver au réfrigérateur, mais sans dépasser 24 h.

Dans certains cas les infusions sont préparées sans utilisation d'eau chaude, en infusant les plantes un temps donné (de 4 à 12 h) dans de l'eau froide à température ambiante. Les infusions à partir de plantes contenant des mucilages (généralement graines et racines) se préparent uniquement par la méthode n° 1 (en ajoutant de l'eau bouillante dans des proportions indiquées), mais avant le filtrage elles doivent en plus être bien secouées.

LES TEINTURES : ce sont des extraits de plantes médicinales obtenus par leur macération dans de l'alcool.

La préparation se fait de la façon suivante : mettre les plantes préparées dans un bocal ou une bouteille en verre. Recouvrir avec de l'alcool, bien fermer et laisser macérer à température ambiante 7-10 jours. Filtrer à travers une gaze pliée deux fois ou un filtre à café. Presser les plantes pour en extraire tout le liquide et filtrer également ce dernier. Les teintures doivent être conservées dans des récipients bien fermés en verre fumé, à l'abri de la lumière. La plupart des teintures sont préparées dans les proportions 1 : 5 ou 1 : 10 (c'est-à-dire que pour 1 part de plantes on prend 5 ou 10 parts d'alcool).

L'EXTRAIT : ce sont des macérations aqueuses ou alcooliques que l'on concentre plus ou moins par évaporation : on obtient de cette manière des extraits fluides, épais ou solides.

LA MACÉRATION : c'est une extraction aqueuse opérée à la température ordinaire pendant quelques heures, généralement entre 2 et 12 h.

LA MACÉRATION-DÉCOCTION : pour certaines recettes où entrent des parties de plantes dures et tendres, il est indiqué de les faires macérer avant de les faire cuire.

LE SUC FRAIS : s'obtient à partir de plantes fraîches broyées et pressées.

L'état de la peau est fortement tributaire de son taux en eau. C'est pourquoi pour l'hydrater au mieux on procède à différents soins : bains de vapeur, compresses, application de glaçons, etc.

LES BAINS DE VAPEUR : à faire la plupart du temps avant les autres soins cosmétiques. Ils rendent la peau propre, lisse et la préparent ainsi aux soins suivants : peeling, nettoyage en profondeur, masques, massages, hydratation, etc., qui doublent d'efficacité. On peut aussi faire des bains de vapeur seuls pour nettoyer en profondeur la peau. Le rythme sera de 2-3 fois par mois pour les peaux grasses, 1-2 pour les peaux normales et 1 pour les peaux sèches. Le "mode d'emploi" d'un bain de vapeur est décrit dans chaque recette s'y référant. Toutefois, il faut noter que les bains de vapeur sont formellement interdits aux personnes souffrant d'asthme, d'hypertension, de maladies cardio-vasculaires, ainsi qu'à celles ayant des comédons roses et des vaisseaux sanguins dilatés au visage.

LES COMPRESSES : exercent une action très bénéfique sur la peau du visage et du cou. Les compresses chaudes et tièdes sont recommandées après un nettoyage de la peau (à l'eau, avec une lotion ou un lait), avant le massage ou l'application d'un masque nourrisssant ; les froides : plutôt en dernier soin pour raffermir une peau flasque. Pour préparer les compresses on peut utiliser avec le même succès les infusions ou les décoctions des plantes. Les compresses chaudes et tièdes sont contre-indiquées en cas d'hypertension, d'une tendance aux rougeurs de la peau du visage, de vaisseaux sanguins situés trop près de la surface de la peau.

LES GLAÇONS : leur application hydratante est recommandée en cas d'une baisse de tonus de la peau et d'une tendance à la dilatation des vaisseaux sanguins superficiels. Il est d'usage de procéder à de légers massages circulaires sur tout le visage pendant 20-30 sec. Ensuite appliquer une crème. On peut faire ces glaçons avec des infusions de diverses plantes.

Il est également possible d'hydrater la peau en ajoutant dans la crème 1 c. à c. d'un jus ou d'une décoction.

Les principaux moyens pour le soin de la peau sont les lotions, les masques et les crèmes. On les fait à partir d'infusions, de décoctions, de teintures, de jus et de purée des plantes, fruits et légumes; sont également utilisées des parties entières (morceaux, rondelles).

LA LOTION : est un liquide – une infusion ou une teinture préparées d'une façon particulière. Elle est utilisée pour asperger le visage et surtout pour la toilette du visage et du cou lorsque celle à l'eau et au savon irrite la peau. Les lotions non seulement nettoient, mais aussi désinfectent, tonifient et assèchent légèrement les peaux grasses, hydratent les peaux sèches, améliorent la circulation sanguine de la peau et grâce à l'adjonction d'extraits de plantes médicinales rétablissent sa réaction acide naturelle. On les utilise en lotionnant le visage et le cou à l'aide d'un coton par des mouvements circulaires en évitant de tirer la peau.

LES MASQUES : peuvent être hydratants, nourrissants, adoucissants, assainissants, blanchissants, etc. Pour la plupart des masques on utilise des plantes, fruits et légumes frais (purée, jus, rondelles, etc.) ou des infusions, des décoctions et des teintures spécialement préparées à partir des parties séchées. En été on fait plutôt des masques à partir de fruits, légumes, baies ; en hiver, à partir de fleurs, herbes et racines séchées, mais on peut bien entendu utiliser aussi les légumes et les fruits de saison. Si on prépare un masque à partir de fruits et légumes juteux (raisin, cerise, framboise, abricot, tomate, pastèque, etc.), il faut les laver, les éplucher, les épépiner et les réduire en purée dans un récipient en émail, porcelaine ou verre. En ce qui concerne les masques à partir de fruits et légumes durs (pomme, coing, concombre, chou, pomme de terre, carotte, etc.), il faut également les éplucher et ensuite les hacher au robot (ou au hache-viande) ou les râper avec une simple râpe.

Pour obtenir le jus, on choisit des fruits, baies et légumes frais bien mûrs, mais point gâtés. Il faut les laver, les éplucher et les réduire en purée à l'aide d'un petit pilon en bois ou en les passant au robot ou encore à la moulinette, ou enfin en les râpant. A partir de cette masse on extrait le jus en la pressant dans un tissu clair (à tissage lâche). Bien entendu, il est beaucoup plus pratique et rapide d'extraire le jus avec une centrifugeuse. Ce jus doit être filtré et utilisé immédiatement. Le jus de certaines baies (framboise, cassis, groseille, etc.) s'obtient de la façon suivante : mettre les baies dans un récipient en émail ou en verre. Ajouter 1/2 verre d'eau pour 1 kg de baies. Chauffer le tout jusqu'à 60°. Presser le jus à travers un tissu clair. De cette façon on peut préparer une petite quantité de jus en avance. Pour le conserver, il faut ajouter de l'alcool (15 % du volume total du jus obtenu). Chauffer le mélange au bain-marie dans un récipient bien fermé jusqu'à 75°-80° et laisser à cette température encore 30 mn. Ensuite, faire aussitôt refroidir et filtrer. Préparé de la sorte, le jus se conserve plus longtemps, mais il faut quand même le garder au frais.

Il est impératif de préparer les masques immédiatement au moment de leur utilisation pour que les plantes, fruits et légumes gardent toutes leurs vertus curatives. On les prépare à partir d'une ou plusieurs plantes, en y ajoutant souvent d'autres ingrédients (miel, jaune ou blanc d'oeuf, farine, fécule, crème fraîche, lait, etc.). Les masques sont surtout efficaces après un massage ou des compresses. La durée d'application d'un masque est généralement de 15-20 mn. Les masques épais sont appliqués sur le visage et le cou à l'aide des doigts, d'un coton ou d'un pinceau. Pour les masques plus liquides on emploie habituellement une gaze pliée plusieurs fois ou de grandes compresses de gaze qu'on trouve facilement dans toutes les pharmacies et où on aura pratiqué au préalable des ouvertures pour les yeux, la bouche et les narines. On peut également utiliser au lieu de la gaze une couche de coton. On imprègne la gaze ou le coton avec le jus, l'infusion, la décoction ou la teinture ou on les enduit avec la purée liquide et on applique le masque ainsi préparé sur le visage et le cou. Le contour des yeux doit être laissé libre et il est conseillé de l'enduire de crème avant l'application d'un masque ou de mettre un petit coton imbibé d'infusion de thé ou d'autres plantes.

En règle générale il est conseillé de faire les masques 1-3 fois par semaines en cure de 12-15 applications. Toutefois, pour chaque recette des indications particulières sont données.

LES CRÈMES ET LES POMMADES : certaines peuvent être préparées à l'avance, d'autres nécessitent une préparation juste avant l'emploi. Généralement on travaille bien la matière première (séchée ou fraîche) moulue ou réduite en purée dans un mortier en porcelaine avec une graisse végétale ou animale jusqu'à obtention d'une masse parfaitement homogène. Les crèmes et les pommades peuvent également être préparées à partir d'extraits liquides (jus, infusion, etc.) qu'on mélange avec des graisses ou d'autres crèmes.

Petit guide des plantes

ABRICOT (Abricotier)

Nom botanique : Prunus armeniaca

Famille : rosacées

Type morphologique : arbre de 5-8 m, pouvant atteindre 17 m, avec une couronne branchue et un tronc d'un diamètre de 20-30 cm. Les feuilles sont grandes, vert foncé ; les fleurs nombreuses, avec des pétales blancs ou roses.

Habitat : connu en Chine il y a déjà 2 000 ans ; nombreux pays du monde.

Terrain propice : pousse facilement dans les jardins ensoleillés.

Epoque de floraison : fin avril-début mai.

Epoque de récolte : fin juillet.

Type de matières premières : chair et jus d'abricots ; huile d'abricot qu'on extrait des graines par presse dans l'industrie.

Substances actives : sucres, acides organiques, tannin, pectine, vitamines C, B1, B2, PP, carotène, flavonoïdes, sels minéraux, oligo-éléments.

Usage cosmétique : on utilise l'abricot surtout pour faire des masques. Ils ont un effet des plus bénéfiques sur la peau, la rafraîchissent et la rajeunissent, la rendent élastique et ferme, favorisent l'élimination des rides, préservent du dessèchement.

L'huile grasse est utilisée comme base pour la préparation de crèmes et pommades liquides, ainsi que pour des masques.

ABSINTHE

Nom botanique : Artemisia absintium.

Famille : astéracées.

Type morphologique : plante vivace de 50 cm, à feuillage argenté ; la tige et les feuilles sont couvertes d'un duvet blanc argenté ; feuilles bi- et tripennées ; fleurs en capitule jaune, disposées en grappe. Plante très aromatique.

Habitat : Europe moyenne et méridionale.

Terrain propice : sec, pentes arides et bords des chemins ; assez répandue.

Epoque de floraison : juillet-août.

Type de matières premières : feuilles, herbe ; jus.

Substances actives : huile essentielle, résines, tannin, acides, nitrates.

ACORE

Nom botanique : Acorus calamus.

Famille : aracées.

Type morphologique : plante vivace aquatique, d'une hauteur de 60-150 cm. Le rhizome est traçant, ramifié, d'une longueur de plus d'un mètre, avec une odeur rappelant celle de la mandarine. Les feuilles sont étroites, en fourreau d'épée, rougeâtres à la partie inférieure et vertes à la partie supérieure. Les fleurs, verdâtres, ternes, sont groupées, serrées en un long épi.

Habitat : originaire du sud-est asiatique ; se rencontre dans tout l'hémisphère septentrionnal.

Terrain propice : au bord de l'eau ; marécages et bords de rivières.

Epoque de floraison : juin-juillet.

Epoque de récolte : septembre-octobre.

Type de matières premières : rhizome.

Substances actives : tannin, huile essentielle, mucilage, résine, glucosides, choline.

Usage cosmétique : en cosmétique industrielle l'huile volatile extraite du rhizome est utilisée pour parfumer le savon de toilette, les pommades, les crèmes. Elle rentre également dans la composition de certains dentifrices.

En cosmétique "maison", les infusions et les décoctions des rhizomes séchés et émiettés sont utilisées pour les compresses du visage, les après-shampooings et les lotions pour les cheveux et les bains de bouche.

AIL

Nom botanique : Allium sativum.

Famille : liliacées.

Type morphologique : plante bulbeuse, constituée de plusieurs gousses arrondies.

Habitat : originaire d'Orient ; cultivé dans le monde entier.

Terrain propice : régions ensoleillées, dans les jardins et dans les champs.

Epoque de floraison : juillet-août.

Type de matières premières : gousses.

Substances actives : allicine, enzymes, vitamines A, B1, B2, PP, C, minéraux, oligo-éléments.

AIRELLE ROUGE

Nom botanique : Vaccinium vitis-idaea.

Famille : éricacées.

Type morphologique : sous-arbrisseau toujours vert ; port rampant, rameaux pubescents dont la hauteur ne dépasse pas 20 cm. Les feuilles sont alternes, rondes, ou ovales. Les fleurs sont blanches ou rosées. Le fruit est une baie rouge, de saveur acide.

Habitat : toute l'Europe, Asie septentrionale, Amérique du Nord.

Terrain propice : assez répandue ; landes, tourbières, forêts de montagne.

Epoque de floraison : mai-juillet.

Epoque de récolte : mai-août.

Type de matières premières : jus et baies.

Substances actives : acides organiques, vitamine C, provitamine A, tannin, glucoside.

Usage cosmétique : recommandée pour la peau grasse qu'elle assainit.

ALOÈS

Nom botanique : Aloe barbadensis.

Famille : liliacées.

Type morphologique : plante pouvant atteindre 2-4 m de hauteur. Les feuilles sont charnues et épaisses, lancéolées. Leur pourtour est denté, voire piquant. Elles sont de couleur vert pâle avec parfois des taches. Les fleurs rouges écarlates retombent en grappes.

Habitat : Sud de l'Afrique, régions chaudes et désertiques du Cap.

Terrain propice : ailleurs est cultivé uniquement sous serre.

Epoque de floraison : janvier-avril.

Epoque de récolte : toute l'année récolte des feuilles.

Type de matières premières : chair des feuilles ; jus, surtout biostimulé : laver les feuilles d'aloès, les mettre dans un endroit frais et sombre (compartiment du bas du refrigérateur, par exemple) avec une température de 4-8° pendant 12 jours. Le jus obtenu à partir de ces feuilles possède des biostimulateurs qui, une fois dans l'organisme d'un homme malade, stimulent l'activité et la vitalité de ses cellules.

Substances actives : hétérosides anthracéniques, vitamines, ferments, oligo-éléments glucosides.

Usage cosmétique : le jus biostimulé d'aloès a un effet tonifiant, rafraîchissant. Il accélère la régénérescence et la formation de cellules nouvelles. Il peut être utilisé pour tout type de peau, y compris celle avec des vaisseaux dilatés.

AMANDE (Amandier)

Nom botanique : Prunus amygdalus.

Famille : rosacées.

Type morphologique : petit arbre ou arbuste de 3-5 m ; les feuilles sont étroites, finement dentées, lancéolées. Les fleurs sont blanches ou rosées, par paires sur des rameaux de l'année précédente. Le fruit est ovale, allongé, vert argenté. Chaque fruit contient 1-2 graines (amandes). Il existe plusieurs variétés horticoles de l'amande douce.

Habitat : Asie centrale et occidentale.

Terrain propice : cultivée dans les pays méditerranéens et dans quelques régions d'Europe centrale.

Epoque de floraison : mars-avril.

Epoque de récolte : juin-juillet.

Type de matières premières : graines (amandes) ; huile extraite par presse froide des graines ; mouture obtenue en séchant et en réduisant en poudre les amandes pressées.

Substances actives : riche en huile, protéines, glucides ; vitamines A, B1, B2, PP, B5, B6.

Usage cosmétique : assouplit et tonifie les peaux sèches, calme les démangeaisons, hâte la guérison des dermatoses.

AVOINE

Nom botanique : Avena sativa.

Famille : graminées.

Type morphologique : céréale cultivée sur de grandes superficies, il en existe de nombreuses variétés.

Habitat : cosmopolite.

Terrain propice : cultivée partout.

Epoque de floraison : juillet-août.

Epoque de récolte : dès que les graines ont germé, sur une très courte période (3-4 jours).

Type de matières premières : graines dont on fait aussi de la farine, des flocons, de la mouture ; ainsi que la paille et les germes.

Substances actives : fruit : protides, lipides, lécithine, sucres, sels minéraux, phosphore, magnésium, calcium, acides aminés, enzymes, vitamines A, B1, B2, PP1 D ; écorce et grain : saponine ; paille : silice, vitamines A et D.

Usage cosmétique : la farine, les flocons et la mouture d'avoine sont généralement ajoutés dans les masques préparés à partir de différents fruits et légumes, plantes et huiles pour épaissir.

BANANE

Nom botanique : Musa sapientum.

Famille : musacées.

Type morphologique : herbe géante qui émet, à partir d'un rhizome, des feuilles mesurant jusqu'à 4 m. Les pédoncules des feuilles, concaves, s'emboîtent et simulent un tronc creux, le stipe. Les fleurs, portées par la tige centrale, se serrent en un épi terminé par une sorte de gland pourpre ; elles donnent un ensemble de fruits, le régime de bananes.

Habitat : originaire d'Amérique du Sud ; zones tropicales.

Terrain propice : zones humides.

Type de matières premières : le fruit.

Substances actives : glucides, vitamines A, B, C, F, sels minéraux.

Usage cosmétique : la chair est utilisée dans la préparation des masques.

BARDANE

Nom botanique : Arctium lappa.

Famille : composées.

Type morphologique : plante vivace biannuelle de 1,50 m de hauteur au maximum. Les feuilles sont rugueuses, ovales, à extrémité arrondie. Les fleurs rose-violet sont groupées en gros capitules au bout des branches.

Habitat : toute l'Europe.

Terrain propice : répandue dans les sols lourds ; bords des chemins, remblais, décombres, clairières.

Epoque de floraison : juillet-septembre.

Type de matières premières : principalement la racine, plus rarement la plante entière ou les feuilles.

Substances actives : tannin, huile essentielle, potassium, résine, hétéroside, principe antibiotique.

Usage cosmétique : acné, cheveux, teint, affections cutanées.

BETTERAVE

Nom botanique : Beta vulgaris.

Famille : chénopodiacées.

Type morphologique : plante à petite racine ronde, rouge et sucrée.

Habitat : Europe, Amérique du Nord et du Sud.

Terrain propice : champs, jardins.

Epoque de récolte : fin septembre.

Type de matières premières : légume cru.

Substances actives : sucres, acides aminés, vitamines A, B1, B2, PP, C, sels minéraux, oligo-éléments rares.

Usage cosmétique : tonique, astringent.

BLEUET DES CHAMPS

Nom botanique : centaurea cyanus.

Famille : composées.

Type morphologique : plante annuelle de 30 à 60 cm. La tige est mince, raide, côtelée. Les feuilles sont étroites et lancéolées le long de la hampe et pennatilobées à la base. Les fleurs de 2,5-3 cm de diamètre sont d'un bleu vif.

Habitat : toute l'Europe.

Terrain propice : répandu dans les cultures de céréales, les remblais et les terrains vagues. Diverses variétés horticoles sont cultivées dans les jardins.

Epoque de floraison : juin-août.

Epoque de récolte : juin-septembre.

Type de matières premières : fleurs.

Substances actives : tannin, glucoside, pigment bleu.

Usage cosmétique : yeux, orgelet, cheveux.

BOULEAU

Nom botanique : Betula pendula.

Famille : bétulacées.

Type morphologique : petit arbre caractérisé par son écorce blanche, payracée, desquamant en lanières ; la base du tronc est grise et rugueuse. Les rameaux portent de petites verrues. Les feuilles sont caduques, alternes, ovales aiguës, dentées, devenant jaune d'or en automne. Arbre monoïque dont le fruit est un akène.

Habitat : toute l'Europe et l'Asie septentrionale.

Terrain propice : commun en plaine ; bois frais, terrains humides.

Epoque de floraison : avril-mai.

Epoque de récolte : printemps (suc, bourgeons et écorce), avril-mai (feuilles).

Type de matières premières : bourgeons, feuilles, écorce, suc.

Substances actives : saponine, tannin, résine, huile essentielle, hétérosides.

CALENDULA ou SOUCI DES JARDINS

Nom botanique : Calendula officinalis.

Famille : composées.

Type morphologique : plante annuelle pouvant atteindre 50 cm. Il en existe de nombreuses variétés horticoles, à fleurs jaunes ou orange vif, simples ou pleines. La tige est dressée, anguleuse et velue. Les feuilles sont également velues.

Habitat : originaire d'Egypte ; cultivé dans les jardins de nombreux pays.

Terrain propice : cultivé dans les jardins et les cimetières à cause de sa couleur jaune orangé lumineuse. Pousse également dans les champs comme plante médicinale.

Epoque de floraison : mai-octobre.

Type de matières premières : principalement les fleurs, plus rarement les feuilles et les tiges.

Substances actives : pigments flavoniques, principe amer, saponine, résine, huile essentielle, acides, alcools .

CAMOMILLE

Nom botanique : Matricaria camomilla.

Famille : composées.

Type morphologique : plante annuelle très ramifiée, de hauteur d'envrion 70 cm. Les feuilles sont très découpées en lanières, très étroites. Les fleurs blanches (10 à 15 pétales) à cœur jaune se composent d'une multitude de capitules. Le cœur de la fleur est bombé et creux. Son arôme caractéristique est bien connu de tous.

Habitat : toute l'Europe, Asie septentrionale.

Terrain propice : répandue ; champs cultivés, jardins, remblais, décombres, talus.

Epoque de floraison : mai-septembre.

Type de matières premières : fleurs.

Substances actives : huile essentielle, choline, soufre, phosphore, fer, acides gras, inositol, stérol.

Usage cosmétique : à partir des fleurs on fait des infusions et des décoctions qui entrent dans la préparation de nombreuses recettes.

CAROTTE

Nom botanique : Daucus carota.

Famille : ombellifères.

Type morphologique : nombreuses variétés se distinguant par la taille, la forme, la qualité et la couleur qui est majoritairement orange.

Habitat : toute l'Europe.

Terrain propice : jardins, champs.

Epoque de récolte : septembre-octobre.

Type de matières premières : tubercule.

Substances actives : vitamines A, B1, B2, PP, B5, B6, D, E, oligo-éléments, protides, un peu de lipides.

Usage cosmétique : peau, vieillissement.

CASSIS

Nom botanique : Ribes nigrum.

Famille : saxifragacées.

Type morphologique : arbuste atteignant 1 m 30. Les feuilles sont caduques, aromatiques, un peu collantes, lobées, à dents obtuses.

Habitat : Europe centrale et orientale.

Terrain propice : cultivé partout, parfois subspontané.

Epoque de floraison : avril-mai.

Epoque de récolte : mai-juin (fruits), juillet (feuilles).

Type de matières premières : baies fraîches et séchées, feuilles.

Substances actives : vitamine C, huile essentielle, glucides, pigments anthocyaniques.

CERISE (Cerisier)

Nom botanique : Prunus cerasus.

Famille : rosacées.

Type morphologique : plus d'une centaine de variétés.

Habitat : introduit en Europe dès l'Antiquité ; pays des zones tempérées de l'hémisphère nord.

Terrain propice : terrains orientés au sud-sud-ouest.

Epoque de floraison : avril-mai.

Epoque de récolte : juin-août suivant la variété.

Type de matières premières : chair et jus des fruits.

Substances actives : vitamines A, B, acides organiques, tannin, flavonoïdes.

Usage cosmétique : la chair et le jus sont employés pour la préparation de masques.

CHÊNE

Nom botanique : Quercus robur.

Famille : fagacées.

Type morphologique : arbre massif bien connu. Il peut atteindre 45 m de hauteur et devenir millénaire. Son écorce gris brun est d'abord lisse, puis présente de plus en plus d'écailles qui deviennent de plus en plus brunes en haut de l'arbre. Les feuilles lisses, aux découpes caractéristiques, ont une courte queue. Les fruits (glands) sont rattachés à la tige par une longue queue.

Habitat : toute l'Europe.

Terrain propice : très répandu sur les sols secs et pauvres où il forme de grandes forêts.

Epoque de floraison : avril-mai.

Type de matières premières : écorce.

Epoque de récolte : mars-avril.

Substances actives : tannin, acides organiques, pectine, sucres, flavonoïdes, amidon, oligo-éléments, vitamines B1, B2, B3, B6, H, PP.

CHOU

Nom botanique : Brassica oleracea.

Famille : crucifères.

Type morphologique : plante à grosse tige semi-ligneuse et plus ou moins couchée, à feuilles éparses, les inférieures souvent profondément découpées, de couleur généralement vert glauque, de texture charnue.

Habitat : natif d'Europe.

Terrain propice : cultivé depuis des millénaires ; champs et jardins du monde entier.

Epoque de récolte : deuxième moitié de juin.

Type de matières premières : feuilles de chou, jus, ainsi que la choucroute et le jus de choucroute.

Substances actives : essence sulfurée, protides, glucides, lipides, minéraux, vitamines A, B, C.

CITRON (Citronnier)

Nom botanique : Citrus Limonium Riss.

Famille : rutacées.

Type morphologique : arbre atteignant 7 m de hauteur avec une couronne branchue ou pyramidale, toujours vert.

Habitat : cultivé depuis des millénaires en Inde et en Chine ; pays de climat subtropicale.

Terrain propice : peut être cultivé à l'intérieur d'une maison.

Epoque de floraison : mai-juin.

Epoque de récolte : novembre-décembre.

Type de matières premières : chair, zeste, jus.

Substances actives : hétérosides flavoniques, acide citrique, acide malique, citrates de potassium et de calcium, glucides, sucres, matières pectiques, mucilage, sels minéraux, oligo-éléments, vitamine C.

CLÉMENTINE ou MANDARINE

(Clémentier ou Mandarinier)

Famille : aurantiacées.

Type morphologique : arbre fruitier du genre citrus ; nombreuses variétés.

Habitat : originaire de Chine, actuellement se rencontre dans de nombreux pays du monde.

Terrain propice : peut être cultivée à l'intérieur d'une maison.

Epoque de floraison et de récolte : identique à celles du citron.

Type de matières premières : chair, zeste, jus.

Substances actives : eau, sucres, acides organiques, pectine, glucosides, sels minéraux, huile essentielle, vitamines C, P, B1, B2, provitamine A ; peau : huile essentielle, acides organiques, vitamine C, flavonoïdes, carotène, pectine, substance colorante.

Usage cosmétique : la chair, le zeste et le jus sont utilisés comme base de préparation de masques, généralement pour peau sèche.

COING (Cognassier)

Nom botanique : Cydonia vulgaris Pers.

Famille : rosacées.

Type morphologique : petit arbre de 1,5-5 m, avec une couronne branchue et un tronc d'un diamètre de 50 cm. L'écorce fine est gris foncé ou brun-noir. Les feuilles ovales, grosses, vert foncé par-dessus et grises en-dessous. Les fleurs sont grandes, blanches ou roses. Les fruits sont aromatiques, ronds ou en forme de poire, jaune citron ou jaune foncé.

Habitat : connu des Grecs depuis au moins le VIIe s. av J.-C. ; grande partie d'Europe.

Terrain propice : variété sauvage : lisière de forêt, près des pièces d'eau, sur les versants et dans les plaines des montagnes.

Epoque de floraison : mai-juin.

Epoque de récolte : septembre-octobre.

Type de matières premières : fruits mûrs et graines.

Substances actives : sucre, acides organiques, tannin, pectine, vitamines C, B1, B2, carotène, huile essentielle, oligo-éléments.

Usage cosmétique : les fruits servent à la préparation de masques et de lotions pour peau grasse. En ajoutant à ces masques des graisses animales ou végétales on peut les utiliser également pour la peau sèche ou normale. Le suc, obtenu à partir de graines de coing, a des effets anti-inflammatoires et adoucissants. On l'obtient par l'infusion ou par la décoction des graines entières (car si on les broie elles dégagent une substance nocive). Ce suc est recommandé en cas de brulûres et de séborrhée grasse du cuir chevelu.

CONCOMBRE

Nom botanique : Cucumis sativus.

Famille : cucurbitacées.

Type morphologique : nombreuses variétés.

Habitat : connu en Inde et en Chine il y a déjà 4 000 ans ; cultivé partout dans le monde.

Epoque de floraison : juin-août.

Epoque de récolte : début août.

Type de matières premières : chair, pelure, jus et graines.

Substances actives : vitamines A et C, fer, manganèse, iode, thiamine.

Usage cosmétique : soins du visage, rides, taches de rousseur ; adoucissant en masques.

COURGETTE

Nom botanique : Cucurbita.

Famille : cucurbitacées.

Type morphologique : variété de citrouille.

Habitat : originaire du Mexique, Europe, Asie, Afrique et Australie.

Epoque de récolte : fin août-septembre.

Type de matières premières : chair, jus.

Substances actives : vitamines A et C, enzymes, nombreux oligo-éléments.

Usage cosmétique : généralement on utilise la courgette pour la préparation de masques pour peau sèche et rugueuse, comme prévention des rides, pour adoucir et lisser une peau flétrie et ridée.

FENOUIL

Nom botanique : Fœniculum vulgare.

Famille : ombellifères.

Type morphologique : plante vivace de 80 à 150 cm. Les feuilles engainantes sont pennées, d'une couleur vert bleuâtre (ressemblant à de l'herbe). Les fleurs sont jaunes, groupées au bout de la tige en grandes ombrelles dressées.

Habitat : Europe méridionale, Asie ; cultivé et cosmopolite.

Terrain propice : assez répandu sur des terrains vagues, friches, remblais, coteaux secs ; subspontané en maintes localités.

Epoque de floraison : juillet-août.

Epoque de récolte : août-septembre.

Type de matières premières : fruits et herbe.

Substances actives : huile essentielle, sels minéraux, vitamines A, B, C.

FRAISE (Fraisier)

Nom botanique : Fragaria vesca.

Famille : rosacées.

Type morphologique : plante vivace basse, stolonifère, bien connue. Les feuilles trifoliées sont vert brillant, plus pâles en dessous, pubescentes. Les fleurs blanches ont 5 pétales. Le faux fruit (fraise) est rouge.

Habitat : toute l'Europe, Asie septentrionale.

Terrain propice : très commun dans les bois, les taillis, les lisières, les bords de chemins ombragés.

Epoque de floraison : mai-juillet.

Epoque de récolte : 20-30 jours après l'apparition des germes.

Type de matières premières : chair et feuilles.

Substances actives : vitamine C, sels minéraux, protéines, tannin.

Usage cosmétique : les fruits et les feuilles sont utilisés pour la préparation de masques, lotions, décoctions et infusions.

GROSEILLE

Nom botanique : Ribes rubrum.

Famille : saxifragacées.

Type morphologique : petit arbrisseau sans épines, à douce écorce grise. Les feuilles sont grandes et alternes, les fleurs jaune verdâtre en grappes pendantes. Les grappes de petites baies rouges, brillantes, à pulpe juteuse, contenant plusieurs graines.

Habitat : Europe continentale et septentrionale.

Terrain propice : bois frais et abrités, haies et buissons.

Epoque de floraison : mai-juin.

Epoque de récolte : juillet-août.

Type de matières premières : baies et feuilles.

Substances actives : vitamine C, acides malique, citrique, tartrique, mucilage, glucides.

GROSEILLE A MAQUEREAU

Nom botanique : Ribes uva-crispa.

Famille : saxifragacées.

Type morphologique : sous-arbrisseau de 0,60 à 1,50 m. Les feuilles sont larges, palmées, les fleurs sont jaune verdâtre ou rougeâtre, solitaires ou par 2-3. Les baies sont ovoïdes jaune rougeâtre, hérissées de soies rugueuses, contenant plusieurs graines.

Habitat : Europe.

Terrain propice : forêt, taillis, haies.

Epoque de floraison : mars-mai.

Epoque de récolte : juin-juillet.

Type de matières premières : chair et jus.

Substances actives : sels minéraux, vitamines A, B, C, acides, glucides, lipides, cellulose.

Usage cosmétique : la chair et le jus sont utilisés dans diverses préparations destinées à la peau sèche qu'ils nourrissent et blanchissent.

HOUBLON

Nom botanique : Humulus lupulus.

Famille : cannabinacées.

Type morphologique : plante grimante de 4 à 6 m de hauteur, qui s'accroche aux arbres en tournant dans le sens des aiguilles d'une montre. Les feuilles sont grossièrement dentées, vert pâle, à nervure palmée. Les fleurs mâles sont vert clair, assez ternes et retombent en panicule, les fleurs femelles sont jaune verdâtre et ont la forme de chatons, puis de petits cônes ovoïdes

Habitat : toute l'Europe, Asie, Amérique septentrionale.

Terrain propice : très répandu ; forêts humides, haies ; cultivé dans plusieurs régions.

Epoque de floraison : juillet-août.

Type de matières premières : pommes de houblon (cônes).

Substances actives : alcaloïde, lupuline, œstrogènes, flavonoïdes, tannin, vitamines C et du groupe B, sels minéraux, huile essentielle.

KAKI

Famille : ébénacées.

Type morphologique : arbre de 6-8 m, pouvant atteindre 15 m, avec une couronne pyramidale ou arrondie. Les feuilles sont grandes, à pellicule dure. Les fleurs sont petites, jaune-blanc, se répartissant en fleurs mâles et femelles. Le fruit est une grosse baie charnue atteignant 12 cm de diamètre, jaune, orange ou rouge.

Habitat : originaire de Chine ; Europe, Asie, Afrique, sud des Etats-Unis.

Type de matières premières : chair et jus des fruits.

Substances actives : eau, amidon, albumen, sucres, acides organiques, vitamine C, carotène, oligo-éléments, tannin.

Usage cosmétique : la chair et le jus sont utilisés pour la préparation de masques, lotions et crèmes.

LAITUE

Nom botanique : Lactuca sativa.

Famille : composées.

Type morphologique : nombreuses variétés se distinguant par leur forme, couleur des feuilles, structure.

Habitat : toute l'Europe.

Terrain propice : la laitue cultivée, probablement issue de Lactuca scariola, est universellement connue.

Epoque de floraison : juin-août.

Type de matières premières : feuilles.

Substances actives : 95 % d'eau, vitamines, minéraux, oligo-éléments, surtout iode, nickel, cobalt, manganèse, cuivre.

LIS BLANC

Nom botanique : Lilium candidum.

Famille : liliacées.

Type morphologique : plante bulbeuse avec une tige droite, verte et parfois brune, d'une hauteur de 70-150 cm. Les feuilles de la racine sont larges, celles de la tige allongées. Le bulbe conique, blanc ou jaune. Les fleurs sont disposées en grappes pyramidales, d'un blanc immaculé.

Habitat : Europe du Sud, Asie mineure, Iran, Syrie, Palestine.

Epoque de floraison : juillet.

Type de matières premières : fleurs, feuilles et bulbes.

Substances actives : huile essentielle, flavonoïdes.

LIN

Nom botanique : Linum usitatissimum.

Famille : linacées.

Type morphologique : la plante de 40 à 60 cm a une tige ronde, frêle et des feuilles étroites, en forme d'aiguilles. Les fleurs sont bleu clair presque blanches. Les semences sont luisantes, plates, marron très foncé au moment de la récolte.

Habitat : toute l'Europe ; cultivé localement.

Terrain propice : terrains vagues, remblais, cultivé et subspontané.

Epoque de floraison : juin-juillet.

Epoque de récolte : juillet-août.

Type de matières premières : graines et huile obtenue à partir de ces graines.

Substances actives : mucilages, pectine, lipides, enzymes, glucoside, vitamine E.

MELON

Nom botanique : Cucumus melo.

Famille : cucurbitacées.

Type morphologique : plante herbacée, rampante ou grimpante, dont les fruits, sphériques ou ovoïdes, ont une chair comestible, juteuse et sucrée.

Habitat : les variétés les plus appréciées sont cultivées en Asie.

Epoque de floraison : de mai jusqu'en automne suivant les variétés.

Type de matières premières : chair et jus.

Substances actives : vitamines A et C, fer, manganèse, iode, thiamine.

Usage cosmétique : identique au concombre, mais s'adresse aux peaux sèches.

MENTHE

Nom botanique : Mentha piperita.

Famille : labiées.

Type morphologique : plante vivace bien connue, à odeur très forte de menthol. La tige est violacée, les feuilles sont vert foncé, parfois pourpres. Les fleurs sont lilas, en grappes. Presque stérile, elle se reproduit par stolons.

Habitat : cultivée partout.

Terrain propice : parfois subspontanée ; terrains vagues, remblais, décombres, près des jardins.

Epoque de floraison : juin-août.

Type de matières premières : feuilles et herbe.

Substances actives : huile essentielle, carotène, acide ascorbique, vitamine P, tannin, acides organiques, saponine, glucose, oligo-éléments.

MILLEFEUILLE

Nom botanique : Achillea millefolium.

Famille : composées.

Type morphologique : plante vivace rhizomateuse, d'une hauteur de 30 à 60 cm. Les feuilles sont segmentées (en forme d'herbe). L'inflorescence est en ombrelle blanche ou rose. La plante et les fleurs dégagent une odeur caractéristique.

Habitat : Europe, de l'Islande au Caucase ; cosmopolite.

Terrain propice : prairies, champs cultivés, talus ; très commun et répandu sur terrains secs.

Epoque de floraison : mai-octobre.

Epoque de récolte : durant la floraison.
Type de matières premières : herbe et fleurs.
Substances actives : huile essentielle, acides organiques, tannin, flavonoïdes, vitamines C, K, carotène, oligo-éléments.

NOIX (Noyer royal)

Nom botanique : Juglans regia.
Famille : juglandacées.
Type morphologique : arbre de 10 à 25 m. L'écorce est grise, la couronne ample et étalée. Les feuilles composées sont pétolées, les folioles ovales disposées par paires. La foliole terminale est elliptique. Les fleurs mâles et femelles sont distinctes. Le fruit (noix) est bien connu. Il existe de nombreuses variétés horticoles.
Habitat : Asie occidentale, Méditerranée orientale, Sud-Est de l'Europe.
Terrain propice : cultivée dans toute l'Europe pour son bois précieux et ses fruits ; subspontanée par endroits dans les bois clairs et sur les pentes ensoleillées.
Epoque de floraison : mai.
Epoque de récolte : juin-septembre.
Type de matières premières : noix et leur pellicule, huile obtenue à partir des noix.
Substances actives : noix : protides, glucides, sels minéraux, vitamines A, B1, B2, B5, PP.
Usage cosmétique : chute des cheveux, pellicules ; teinture.

OBIER

Famille : caprifoliacées.
Type morphologique : arbuste à fleurs blanches en boules compactes très décoratives.
Habitat : Europe.

Epoque de floraison : mai-juin.

Epoque de récolte : août-septembre.

Type de matières premières : baies, fleurs, écorces et feuilles.

Substances actives : baies : sucres, acides organiques, pectine, tannin, flavonoïdes, vitamine C, carotène, oligo-éléments ; fleurs : acides organiques, flavonoïdes, huile essentielle, vitamine C ; feuilles : sucres, acides organiques, tannides, vitamine C ; écorce : tannin, acides organiques, saponine, vitamine C et K.

OIGNON

Nom botanique : Allium cepa.

Famille : liliacées.

Type morphologique : de nombreuses variétés sont cultivées.

Habitat : originaire du Moyen-Orient : Iran, Béloutchistan ; cosmopolite.

Terrain propice : cultivé partout comme légume.

Epoque de floraison : juin-août.

Epoque de récolte : septembre-octobre (durant toute la période estivale).

Type de matières premières : bulbe et sa pelure, jus extrait du bulbe, plume.

Substances actives : glucides, lipides, protides, sels minéraux, oligo-éléments, soufre, vitamines A, B1, B2, PP, B5, C, E, flavonoïdes.

ORANGE (Oranger)

Nom botanique : Citrus sinenis Osbeck.

Famille : rutacées.

Type morphologique : arbre dont la hauteur varie de 4 à 20 m avec une couronne pyramidale ou sphéroïdale ; plus de 300 variétés.

Habitat : originaire de l'Asie du Sud-Ouest.

Terrain propice : peut être cultivée à l'intérieur d'une maison.

Epoque de floraison : printemps suivant les variétés.

Epoque de récolte : de novembre à février suivant les variétés.

Type de matières premières : chair et zeste.

Substances actives : vitamines C, A, B1, B2, B5, PP, E, sucres, acides organiques, acides aminés, pectine, sels minéraux

Usage cosmétique : les masques à partir d'oranges sont conseillés pout tout type de peau. Ils ont un excellent effet biostimulant, rendent la peau veloutée et fraîche, la rajeunissent et éclaircissent son teint.

ORTIE

Nom botanique : Urtica dioica.

Famille : urticacées.

Type morphologique : plante vivace à tige érigée simple, de 50 à 120 cm de hauteur. Les feuilles sont cordées et dentées. Les fleurs sont dioïques, très petites, vertes. La plante entière est garnie de poils urticants.

Habitat : toute l'Europe, cosmopolite.

Terrain propice : très commune ; terrains vagues, remblais, haies, sols fumés riches en azote, près des lieux habités, où elle constitue parfois des peuplements importants.

Epoque de floraison : juin-septembre.

Type de matières premières : feuilles et jus extrait des feuilles ; rhizome.

Substances actives : acétylcholine, histamine, acides formique et gallique, carotène, vitamine C, chlorophylle, tannin, potassium, calcium, fer, soufre, manganèse, silice.

PAMPLEMOUSSE

Famille : rutacées.

Type morphologique : variété de citrus dont les fruits viennent en grappes.

Habitat : originaire d'Amérique centrale, répandu surtout depuis le début du siècle.

Terrain propice : de préférence riche en humus et en sels minéraux.

Epoque de floraison : mai.

Epoque de récolte : novembre-décembre.

Type de matières premières : chair, zeste.

Substances actives : eau, sucres, acides, huile essentielle, pectine, sels minéraux, vitamines C, B1, D, P.

Usage cosmétique : le jus est considéré comme le moyen des plus efficaces pour blanchir la peau. Les masques et les lotions sont recommandés pour les soins des peaux grasses et sèches. Ces masques sont également très efficaces pour raffermir et nourrir la peau du cou. Enfin, le pamplemousse est aussi utilisé avec succès pour atténuer, voire faire disparaître les taches de rousseur et de pigmentation.

PAS-D'ÂNE

Nom botanique : Tussilago farfara.

Famille : composées.

Type morphologique : plante vivace avec des racines ramifiées qui peuvent atteindre 2 m de longueur. Les feuilles sont grandes, cordiformes, velues initialement des deux côtés, puis seulement en dessous. Les tiges florales se développant avant l'apparition des feuilles sont charnues, cotonneuses et portent des écailles brunes. Les fleurs en capitule jaune d'or ont un diamètre de 15 à 20 cm.

Habitat : toute l'Europe, Asie septentrionale.

Terrain propice : très commun sur les sols argileux.

Epoque de floraison : février-avril.

Epoque de récolte : mars-avril (fleurs), mai-juin (feuilles).

Type de matières premières : feuilles et fleurs.

Substances actives : mucilage, tannin, inuline, pigments colorants, huile essentielle, sels minéraux, surtout potassium, aussi calcium, fer, soufre.

PASTÈQUE

Famille : cucurbitacées.

Type morphologique : plante dont le gros fruit est lisse, à chair rose, verdâtre ou blanche.

Habitat : nombreux pays, essentiellement avec un climat sec et chaud.

Epoque de floraison : juin-juillet.

Epoque de récolte : août-septembre.

Type de matières premières : chair et jus.

Substances actives : eau, sucres, pectine, vitamines C, B1, B2, PP, oligo-éléments, carotène.

PÊCHE (Pêcher)

Nom botanique : Prunus persica L. Batsch.

Famille : rosacées.

Type morphologique : arbre de 3-5 m, pouvant atteindre 8 m, avec une couronne branchue et un tronc épais. L'écorce est rouge-brun, les feuilles allongées. Les fleurs solitaires ou par paires sont grandes, rouges, roses, ou blanches. Les fruits sont arrondis ou allongés.

Habitat : tous les pays tropicaux et subtropicaux.

Epoque de floraison : mars-avril.

Epoque de récolte : à partir de fin juin.

Type de matières premières : chair, jus et huile extraite des noyaux.

Substances actives : sucres, huile essentielle, minéraux, vitamines A, B1, B2, PP, C.

Usage cosmétique : identique à l'abricot.

PERSIL

Nom botanique : Petroselinum crispum.

Famille : ombellifères.

Type morphologique : plante biannuelle d'aspect très caractéristique. Les tiges sont pleines, de 15-50 cm. Les feuilles pennées 3 fois sont vert luisant, parfois très crépues. Les fleurs sont jaune verdâtre, en ombrelle. La plante dégage une odeur stimulante.

Habitat : originaire d'Europe, cultivé partout.

Terrain propice : pousse dans tous les jardins.

Epoque de floraison : juin-août (feuilles), août-septembre (fruits).

Type de matières premières : feuilles, fruits (graines), jus.

Substances actives : alcaloïde volatil, fer, calcium, phosphore, vitamines A, C.

Usage cosmétique : les feuilles, les fruits et le jus de persil entrent dans la composition de nombreuses décoctions et infusions utilisées pour la préparation de lotions et compresses diverses. Pour conserver le jus de persil, on lui ajoute 15-20 % d'alcool et on le conserve dans un endroit frais.

PISSENLIT ou DENT-DE-LION

Nom botanique : Taraxacum officinale.

Famille : composées.

Type morphologique : plante vivace bien connue. Elle peut atteindre 50 cm de hauteur. Sa racine est épaisse, en forme de pieu ; les feuilles, en rosette, sont très découpées et les fleurs d'un jaune d'or lumineux s'épanouissent au bout d'une tige renfermant un suc laiteux, légèrement toxique.

Habitat : toute l'Europe et la plus grande partie de l'hémisphère septentrional.

Terrain propice : très commun partout, surtout dans les prairies.

Epoque de floraison : avril-juin.

Type de matières premières : toute la plante : racines, tiges, feuilles, fleurs, suc.

Substances actives : chlorophylle, alcaloïde, huile essentielle, inuline, tannin, glucides, sels minéraux, provitamine A, vitamines A et C.

PLANTAIN

Nom botanique : Plantago lanceolata.

Famille : plantaginacées.

Type morphologique : plante vivace avec une tige florale de 15 à 60 cm. Les feuilles, lancéolées, sont disposées en rosette à la base de la tige. Les fleurs sont petites, en épi terminal dense, brun foncé.

Habitat : toute l'Europe.

Terrain propice : très commun sur les terrains secs, talus, bords de chemins.

Epoque de floraison : avril-octobre.

Epoque de récolte : mai-juin.

Type de matières premières : feuilles et jus extrait des feuilles fraîches.

Substances actives : mucilages, glucides, tannin, sels minéraux, soufre.

PRÊLE DES CHAMPS

Nom botanique : Equisetum arvense.

Famille : équisétacées.

Type morphologique : plante vivace à tiges brunes fertiles terminées par un épi porteur de spores. Elles poussent en premier, ensuite poussent des tiges stériles, vertes, qui peuvent atteindre une hauteur de 60 cm et qui sont ramifiées en rameaux creux, verticillés.

Habitat : toute l'Europe.

Terrain propice : cultures, talus, bords de chemins, endroits secs.

Epoque de floraison : les tiges stériles apparaissent de mars à mai.

Type de matières premières : tiges stériles sèches.

Substances actives : sels minéraux, glucosides, acides organiques, principe amer.

POMME (Pommier)

Nom botanique : Malus communis Poir.

Famille : rosacées.

Type morphologique : il existe plus de 10 000 variétés.

Habitat : cosmopolite.

Epoque de floraison : avril-mai.

Epoque de récolte : de juin à septembre suivant les variétés.

Type de matières premières : chair, pelure, jus.

Substances actives : sucre, acides organiques, pectine, tannin, vitamines A, B1, B2, PP, C et E.

Usage cosmétique : la pulpe est adoucissante et résolutive, le jus est rafraîchissant ; en lotions elle prévient les rides, le relâchement de l'épiderme.

POMME DE TERRE

Nom botanique : Solanum tuberosum.

Famille : solanacées.

Type morphologique : la pomme de terre est universellement connue. Il existe plusieurs centaines de variétés alimentaires et fourragères.

Habitat : Amérique du Sud, cordillère des Andes.

Terrain propice : cultivée dans le monde entier.

Epoque de floraison : juin-juillet.

Type de matières premières : pomme de terre cuite ou crue, jus et fécule.

Substances actives : minéraux, eau, sucres, acides organiques, oligo-éléments, vitamines C, B1, B2, B5, B6, D, PP, H, E, U,B, carotène.

POTIRON ou CITROUILLE

Nom botanique : Cucurbita pepo ou maxima.

Famille : cucurbitacées.

Type morphologique : plante annuelle très grande. La tige rampante peut atteindre 10 m. Les feuilles sont très grandes, cordiformes, faiblement lobées, rêches et couvertes de poils piquants. Les fleurs sont grandes, d'une couleur jaune vif. Le fruit (courge, potiron) généralement très gros, creux, rempli de graines aplaties, ovales, blanches. Il existe d'innombrables variétés horticoles produisant des fruits de toutes formes et dimensions, dont certains pèsent jusqu'à 60 kg.

Habitat : Europe.

Terrain propice : cultivé partout.

Epoque de floraison : juin-août.

Type de matières premières : chair, jus et graines.

Substances actives : pauvre en protides et lipides, peu sucré, vitamines A et C, enzymes, nombreux oligo-éléments.

PRUNE (Prunier)

Nom botanique : Prunus domestica.

Famille : rosacées.

Type morphologique : plus de 2 000 variétés, mais en culture de jardin seulement quelques dizaines ; dérivé du prunier sauvage, à fruits assez petits, globuleux, ordinairement bleu-noir ou pourpres.

Habitat : toute l'Europe.

Epoque de floraison : avril-mai.

Epoque de récolte : août-septembre.

Type de matières premières : chair et jus.

Substances actives : glucides, acides organiques, vitamine A, sels minéraux, pigments, eau.

RADIS CULTIVÉ

Nom botanique : Raphanus sativus.

Famille : crucifères.

Type morphologique : plante annuelle ou biannuelle cultivée comme légume en de nombreuses variétés. Les fleurs sont blanches, veinées de violet.

Habitat : toute l'Europe ; cultivé ; origine exacte inconnue.

Terrain propice : parfois subspontané près des villages.

Epoque de floraison : variable selon le mode de culture.

Type de matières premières : légume.

Substances actives : eau, sucres, acides organiques, huile essentielle, vitamine C, carotène, oligo-éléments.

RAIFORT

Nom botanique : Armoracia rusticana Gaertn.

Famille : crucifères.

Type morphologique : racine très longue et charnue, épaisse, d'un jaune grisâtre pâle.

Habitat : Europe, Asie, Amérique.

Epoque de floraison : mai-juin.

Epoque de récolte : fin septembre-début d'automne.

Type de matières premières : racines.

Substances actives : eau, sucres, flavoïdes, tioglucosides, oligo-éléments, vitamines C, B1, B2, B6, PP, cellulose, hétéroside sulfuré.

RAISIN (Vigne)

Nom botanique : Vitis vinifera.

Famille : vitacées.

Type morphologique : arbrisseau sarmenteux grimpant, muni de vrilles, à fruits en grappes, cultivé pour son fruit et la production du vin.

Habitat : sa limite septentrionale en Europe a sensiblement régressé vers le sud.

Epoque de floraison : mai-juin.

Epoque de récolte : août-septembre.

Type de matières premières : chair et jus.

Substances actives : eau, glucides, protéines, potassium, vitamines A, PP, B1, B2, B5, B6, C.

RHUBARBE

Nom botanique : Rheum rhabarbarum et Rheum Rahponticum.

Famille : polygonacées.

Type morphologique : plante à larges feuilles portées par de gros pétioles comestibles.

Habitat : Europe, Chine.

Epoque de floraison : mai-juin.

Epoque de récolte : juillet.

Type de matières premières : essentiellement les racines, le jus qui en est extrait, plus rarement les feuilles .

Substances actives : anthraquinines, hétérosides, tannin, pigments, amidon, pectine, oligo-éléments.

Usage cosmétique : on utilise la rhubarbe essentiellement pour teindre les cheveux.

ROSE (Rosier)

Nom botanique : Rosa.

Famille : rosacées.

Type morphologique : plus de 20 000 variétés.
Habitat : cosmopolite.
Epoque de floraison : suivant la variété.
Type de matières premières : fleurs des roses cultivées et sauvages.
Substances actives : huile essentielle, tannides, glucosides, vitamine C.

SAUGE

Nom botanique : Salvia officinalis.
Famille : labiées.
Type morphologique : sous-arbrisseau à base ligneuse de 50 à 80 cm. Les tiges herbacées sont dressées. Les feuilles allongées, ovales, lancéolées, finement gaufrées, vert grisâtre. Les fleurs, violettes, sont disposées en épi.
Habitat : Europe méridionale, pays méditerranéens.
Terrain propice : introduite et naturalisée, ou subspontanée dans certaines régions d'Europe centrale.
Epoque de floraison : juin-juillet.
Type de matières premières : feuilles.
Substances actives : acide rosmarinique, flavonoïdes, saponine.

SORBE (Sorbier des oiseleurs)

Nom botanique : Sorbus aucuparia.
Famille : rosacées.
Type morphologique : petit arbre atteignant 8 m de hauteur. L'écorce est lisse, grise. Les feuilles sont très grandes, alternes, les fioles lancéolées, dentées. Les fleurs blanches, petites, en corymbe aplati, dégageant une odeur désagréable. Les baies sont petites, rouges ou orangées.
Habitat : toute l'Europe.
Terrain propice : assez commun dans les bois. Monte jusqu'à l'étage subalpin.

Epoque de floraison : mai-juin.

Epoque de récolte : septembre-octobre.

Type de matières premières : essentiellement les baies fraîches dont on extrait aussi le jus ; également les feuilles.

Substances actives : acides parasorbique, malique, citrique et tartrique, sucre, pectine, vitamine C.

SUREAU NOIR

Nom botanique : Sambucus nigra.

Famille : caprifollacées.

Type morphologique : l'arbuste ressemble à un arbre par sa taille – jusqu'à 6 m de hauteur. L'écorce du tronc est claire, fissurée, à lenticelles blanches. Les jeunes branches vertes contiennent beaucoup de moelle. Les feuilles vert terne sont grandes, à 5 folioles lancéolées, dentées. Les fleurs blanc crème sont petites, très odorantes, en larges ombrelles étalées. Les fruits sont de petites baies noires.

Habitat : toute l'Europe.

Terrain propice : répandu, parfois commun ; bois clairs, ravins ; parfois planté près des villages.

Epoque de floraison : juin-juillet.

Type de matières premières : essentiellement les fleurs, plus rarement les bourgeons et les baies et les feuilles.

Substances actives : nitrate de potassium, huile essentielle, alcaloïde, glucoside, tannin, mucilage, vitamine C.

THÉ (Théier)

Nom botanique : Thea sinensis Sims.

Famille : ternstrœmiacées.

Type morphologique : buisson atteignant sous forme cultivée 1,5 m de hauteur.

Habitat : Ceylan, Inde, Chine, Japon.

Epoque de floraison : août-septembre.
Epoque de récolte : octobre-décembre.
Matières premières employées : feuilles.
Substances actives : théobromine, théophylline, caféine,tannin, huile essentielle, flavonoïdes, vitamines B1, B2, K, P, PP, oligo-éléments.
Usage cosmétique : teinture, yeux, cheveux.

TILLEUL

Nom botanique : Tilia cordota (à petites feuilles) ou platypholios (à larges feuilles).
Famille : tiliacées.
Description : grand arbre bien connu de tous. Il y a deux sortes de tilleuls, le tilleul d'été et le tilleul d'hiver. Le tilleul d'hiver a des feuilles plus larges ; caduques et cordées elles sont glauques en dessous. Le tronc est bosselé. Le tilleul d'été a un tronc droit. Les feuilles sont grandes, pubescentes en dessous, aux nervures saillantes. Les fleurs groupées par 3 sont aussi plus grandes que celles du tilleul d'hiver.
Habitat : toute l'Europe.
Terrain propice : tilleul d'hiver : commun ; bois, taillis, forêts claires. Tilleul d'été : très commun dans les bois clairs et les forêts de feuillus.
Epoque de floraison : juin-juillet (écorce en hiver pour le tilleul d'hiver).
Matières premières employées : fleurs.
Substances actives : huile essentielle, mucilage, tannin, pigments flavoniques, manganèse.

TOMATE

Nom botanique : Solanum lycopersicum (syn. Lycopersicum esculentum).

Famille : solanacées.

Description : plante annuelle bien connue de tout le monde, cultivée partout en de nombreuses variétés horticoles.

Habitat : Amérique du Sud.

Terrain propice : cultivée dans tous les pays du monde.

Epoque de floraison : juin-octobre.

Epoque de récolte : à partir d'août.

Matières premières employées : chair, jus.

Substances actives : 93 % d'eau, glucides, protides, acides organiques, caroténoïdes, vitamines A et C.

Usage cosmétique : les masques et les lotions à base de tomate sont efficaces pour lisser, rafraîchir, tonifier et blanchir la peau.

EAU
CRÈME
HUILE

Lotions

Tout type de peau

1. 15 g de savon de toilette.
15-20 g de cire d'abeille.
100 g d'amandes.
2/3 de verre d'alcool à 40°.

Râper dans une tasse le savon de toilette. Délayer avec 1/2 verre d'eau. Faire chauffer au bain-marie jusqu'à la dissolution du savon. Ajouter la cire d'abeille. La faire dissoudre en continuant à chauffer et en remuant de temps en temps d'une façon énergique.

Hacher les amandes. En remuant ajouter petit à petit 1 verre d'eau. Filtrer à travers un tissu. Ajouter tout doucement (au début par gouttes) au mélange précédent.

Verser le tout dans une bouteille. Bien secouer.

Ajouter l'alcool.

Utiliser ce lait pour lotionner la peau. Matin et soir.

Garde la peau fraîche, resserre les pores.

Ne s'altère pas lors d'une conservation prolongée.

2. 1 jaune d'œuf.
2 c. à s. d'huile d'amande.

Mélanger le jaune avec l'huile d'amande.

Utiliser cette lotion quotidiennement pour nettoyer tout type de peau.

Rend la peau fraîche et lisse.

+ poi chiche

3. 1-2 c. à s. de camomille.

Recouvrir la camomille avec 1 verre d'eau. Laisser infuser 15-20 mn. Filtrer. Verser dans le bac à glace. Mettre au réfrigérateur.

Passer les glaçons sur le visage, le cou, les seins, le matin après la toilette ou la douche.

Cette procédure tonifie, déride et calme les irritations.

4. 1/2 c. à s. de camomille.

2 1/2 c. à s. de millepertuis.

Mélanger la camomille et le millepertuis. Recouvrir avec 1 verre d'eau. Laisser infuser une nuit. Filtrer.

Utiliser le matin pour nettoyer et lotionner la peau.

Rend la peau mate et veloutée.

5. 1/2 verre de jus de carotte.

1/2 verre d'alcool à 20°.

Mélanger le jus de carotte et l'alcool.

Utiliser matin et soir pour nettoyer et lotionner la peau.

6. 1 verre de zeste de citron râpé.

1 verre d'eau de Cologne.

Recouvrir le zeste avec l'eau de Cologne. Laisser macérer 10 jours à l'abri de la lumière. Filtrer. Ajouter 2 c. à c. d'eau distillée ou bouillie.

Utiliser matin et soir pour nettoyer et lotionner la peau.

7. 2 c. à s. d'eau minérale chaude.

1 c. à c. de miel.

Jus d'1/2 citron.

Mélanger l'eau et le miel. Laisser refroidir. Ajouter le jus de citron.

Utiliser le soir pour lotionner la peau avant l'application d'une crème.

Tonifie la peau.

recette demaq indien :
1 part eau rose
huile amande douce
miel
se conserve bien

8. 1 verre de peau de clémentine émiettée.
1 verre d'alcool à 45° ou d'eau de Cologne.

Recouvrir la peau de clémentine avec l'alcool. Laisser macérer à l'abri de la lumière 10 jours. Filtrer. Ajouter 2 c. à c. d'eau.

Utiliser matin et soir pour nettoyer et lotionner la peau.

Rafraîchit la peau.

9. Un morceau de concombre de 3 cm d'épaisseur.
Jus de citron.

Eplucher le concombre. Recouvrir avec le jus de citron. Laisser macérer 1 h.

Lotionner la peau avec ce morceau de concombre. Ne pas essuyer. Laisser agir 30 mn.

Rincer à l'eau tiède.

10. 1 jaune d'œuf.
100 g de crème fraîche.
1/4 c. à s. d'alcool à 45°.
Jus d'1/2 orange.

Mélanger le jaune et la crème fraîche. Ajouter l'alcool et le jus d'orange.

Utiliser matin et soir pour nettoyer la peau.

Prévient le vieillissement de la peau, retarde l'apparition des rides, garde la peau ferme et élastique.

Garder au réfrigérateur.

11. 2-3 quartiers de pamplemousse.
Congeler le pamplemousse.
Utiliser pour masser le visage et le cou 5-8 mn.
Ne pas essuyer. Laisser agir 10 mn.
Rincer avec de l'eau froide. Appliquer une crème.

12. 1/2 verre de jus de pastèque.
1/2 verre de jus d'abricot.

Mélanger les deux jus.
Utiliser matin et soir pour lotionner la peau.
Rincer avec de l'eau tiède.
Rend la peau veloutée.

13. Chair de pastèque.
1 c. à s. de miel.
1 c. à c. de sel.
200 ml d'alcool à 45°.

Couper la chair de pastèque en petits morceaux. Laisser dégorger 1-2 h. En presser le jus. Mélanger 400 ml de ce jus avec le miel et le sel. Dès que le sel est fondu, ajouter l'alcool.

Utiliser matin et soir pour lotionner la peau préalablement nettoyée. Ne pas essuyer. Laisser agir 1-2 h.

Hydrate la peau.
Se garde au réfrigérateur un an.

14. 1 c. à c. de persil frais haché.
Mettre le persil dans du papier cellophane. Congeler.
Utiliser le persil congelé pour lotionner la peau matin et soir.
Excellent pour rafraîchir, surtout en cas de grosses chaleurs.

15. 3-4 raisins.
Couper en deux le raisin.

Lotionner avec le côté chair le visage et le cou. Ne pas essuyer. Laisser agir 20 mn.

Rincer avec de l'eau tiède.

(On peut également congeler ces moitiés et les utiliser comme glaçons pour lotionner la peau).

16. 1 verre de raisin.
2-3 c. à s. de miel.
1 verre d'alcool à 45°.
1 c. à c. de sel.

Ecraser le raisin. Laisser dégorger 2 h. Bien presser pour en extraire le jus. Mélanger 400 ml de ce jus avec le miel et le sel. Filtrer. Ajouter l'alcool.

Utiliser pour lotionner la peau préalablement nettoyée, à tout moment de la journée.

Excellent pour hydrater la peau.

Se conserve un an.

17. 2 c. à c. de menthe.

1/2 l de vinaigre de raisin.

2 c. à s. d'infusion de pétales de roses (ou d'eau de rose achetée dans le commerce).

Recouvrir la menthe avec 2 verres d'eau.

Faire bouillir 2 mn. Filtrer. Ajouter le vinaigre de raisin.

Laisser refroidir. Ajouter l'eau de rose.

Utiliser matin et soir pour lotionner la peau.

Hydrate, tonifie et rend la peau veloutée.

18. 1 verre de pétales de roses fraîches.

1 verre d'eau de Cologne.

Recouvrir les pétales de roses avec l'eau de Cologne. Laisser macérer à l'abri de la lumière 10 jours. Filtrer. Ajouter 2 c. à c. d'eau bouillie ou distillée.

Utiliser matin et soir pour nettoyer et lotionner la peau.

Rafraîchit la peau.

19. Pétales de roses fraîches.

Extraire le jus des pétales de roses à l'aide d'une centrifugeuse.

Utiliser à la place de l'eau pour enlever les masques ; ajouter dans les crèmes ; lotionner la peau.

20. Une poignée de sauge coupée finement. vinaigre de sauge

2 verres de vinaigre.

Recouvrir la sauge avec le vinaigre. Laisser macérer 48 h.

Filtrer.

Ajouter 1 c. à s. de cette lotion à l'eau pour rincer le visage après l'avoir nettoyé.

Rend la peau élastique et douce.

21. 1/4 de c. à c. de thé.
1/4 de verre d'eau minérale bouillante.
1 morceau de sucre.
Faire infuser le thé dans l'eau. Ajouter le sucre.
Utiliser matin et soir pour lotionner la peau.
Rend la peau douce.

Peau normale

1. Jus d'1/2 citron.
1 c. à c. de glycérine.
1/4 de verre d'eau.
Mélanger tous les ingrédients.
Utiliser matin et soir pour nettoyer et lotionner la peau.
Recommandé surtout pour peau sensible.

2. 1 jaune d'œuf.

1/2 verre de crème fraîche (ou 1/2 verre de crème ou 1 c. à s. d'huile).

1/4 de verre d'alcool à 45°.
Jus d'1/2 citron.
Travailler le jaune. Ajouter la crème fraîche.
En remuant ajouter l'alcool et le jus de citron.
Bien mélanger.
Utiliser matin et soir pour nettoyer et lotionner la peau.
Nourrit, blanchit et adoucit la peau.
Se conserve fermé dans un flacon au refrigérateur 7 jours.

3. 1/2 verre de petit-lait.
Jus d'1/2 citron.
Mélanger le petit-lait et le jus de citron.
Utiliser matin et soir pour nettoyer et lotionner la peau.

4. 1 clémentine.
1/2 verre d'alcool à 45°.
1 c. à c. de glycérine.
Râper la clémentine avec la peau. Ajouter l'alcool. Laisser macérer à l'abri de la lumière une semaine. Filtrer. Ajouter la glycérine et 2-3 c. à s. d'eau.
Utiliser matin et soir pour nettoyer et lotionner la peau.

5. 1/2 verre de jus de framboise.
1 verre d'alcool à 20°.
Mélanger le jus de framboise et l'alcool. Avant emploi, délayer avec de l'eau (pour la quantité, se baser sur la sensibilité de la peau).
Utiliser matin et soir pour nettoyer et lotionner la peau.

6. Jus d'abricot.
Utiliser pour lotionner la peau. Ne pas essuyer.
Laisser agir 15 mn.
Rincer avec de l'eau tiède.
Rafraîchit la peau.

7. 1/2 verre de pissenlit.
Glycérine.
Mettre le pissenlit dans un récipient. Recouvrir le pissenlit avec de l'eau bouillante jusqu'aux bords du récipient.
Laisser infuser 24 h. Filtrer.
Ajouter pour la conservation la glycérine (1 c. à s. pour 200 ml d'infusion).
Utiliser matin ou soir pour nettoyer la peau.

8. 2-3 c. à s. de pétales de roses fraîches.
Alcool à 45°.
1 c. à c. de glycérine.

Recouvrir les pétales de roses avec 1 verre d'eau bouillante. Laisser infuser jusqu'à ce que l'infusion soit juste tiède. Filtrer. Ajouter en quantité égale alcool et glycérine.

Utiliser matin et soir pour nettoyer et lotionner la peau.

9. 2 c. à s. de sauge.

Recouvrir la sauge avec 2 verres d'eau bouillante. Couvrir. Laisser infuser jusqu'à ce que l'infusion soit froide. Filtrer.

Utiliser matin et soir pour nettoyer et lotionner la peau.

Adoucit, calme l'irritation.

10. 1-2 c. à s. de tilleul.

Recouvrir le tilleul avec 2 verres d'eau bouillante. Faire bouillir à feu doux 5-10 mn. Laisser refroidir. Filtrer.

Utiliser matin et soir pour nettoyer et lotionner la peau.

Peau sèche

1. 50 g d'amandes.
5 g de savon doux râpé.

Hacher les amandes. Recouvrir avec 2 verres d'eau distillée ou d'eau bouillie. Laisser infuser 24 h. Filtrer. Ajouter le savon.

Utiliser matin et soir pour nettoyer et lotionner la peau.

Idéal pour enlever le maquillage.

2. 1 c. à s. de camomille.
25 ml d'alcool.
5 ml de glycérine.

Recouvrir la camomille avec 1 verre d'eau bouillante.

Laisser infuser 30 mn. Filtrer. Mélanger 70 ml de cette lotion avec l'alcool et la glycérine. Verser la lotion ainsi obtenue dans un flacon. Fermer hermétiquement.

Utiliser matin et soir pour nettoyer et lotionner la peau. Nettoie la peau en profondeur, la tonifie et lui redonne de l'éclat.

3. 1 verre de crème.
1 œuf.
1/2 verre d'eau de Cologne.
Jus d'un citron.
1 c. à c. de glycérine.
Battre l'œuf.
Mélanger tous les ingrédients.

Utiliser le soir juste avant de se coucher pour lotionner la peau.

Rafraîchit et nourrit la peau.

4. 1 jaune d'œuf.
1 c. à c. de miel.
1/2 verre de crème.
1 c. à s. de jus de citron.
1-2 c. à s. d'alcool à 45°.

Mélanger le jaune, le miel et la crème. Ajouter petit à petit le jus de citron et l'alcool.

Utiliser le soir pour nettoyer la peau.

Adoucit et nourrit tout en nettoyant en profondeur.

5. Jus de concombre.
1 jaune d'œuf.
1/2 verre de crème.
1 c. à s. d'alcool à 45°.

Bien mélanger tous les ingrédients. Filtrer.

Recommandé pour remplacer le nettoyage avec de l'eau pour une peau très sensible et/ou irritée.

Conserver dans un flacon au frais.

N.B. Si la peau ne supporte pas l'alcool à 45°, remplacer par de l'alcool à 20°.

6. 1 c. à s. de framboise réduite en purée.

1/2 c. à c. de glycérine.

Mélanger les framboises avec 1 verre d'eau froide. Filtrer à travers une gaze pliée plusieurs fois. Ajouter la glycérine.

Utiliser matin et soir pour nettoyer et lotionner la peau.

Excellent pour nettoyer et adoucir la peau.

Donne un joli teint rose et frais.

7. 1 melon orange ou 1/2 melon jaune.

Eplucher le melon. Couper en morceaux. Ecraser à la fourchette ou râper sur une râpe en plastique. Extraire le jus en pressant à travers une gaze pliée plusieurs fois.

Utiliser pour lotionner la peau.

8. 1 c. à s. de menthe.

Recouvrir la menthe avec 1 verre d'eau bouillante. Laisser infuser 30 mn. Filtrer. Verser dans le bac à glace. Congeler.

Utiliser pour lotionner la peau du visage, du cou et de la poitrine le matin.

Tonifie la peau, atténue les rides, calme l'irritation et délasse.

9. 2 c. à c. de menthe sèche.

2 verres de vinaigre.

2 c. à s. d'infusion de pétales de roses (cf. Lotion Peau sèche n° 12).

Recouvrir la menthe avec 2 verres d'eau bouillante. Faire bouillir 2 mn. Ajouter le vinaigre. Laisser refroidir.

Ajouter l'infusion de rose. Filtrer. Verser dans un flacon en verre fumé.

Utiliser régulièrement pour lotionner la peau.
Recommandé pour : peau grise, terne, irritée et flétrie.
Excellent pour régénérer les cellules.
Rafraîchit la peau.

10. Jus de pastèque.
Utiliser ce jus pour lotionner la peau.
N.B. On peut lotionner la peau avec les tranches mêmes de la pastèque.
Recommandé pour raffermir la peau.

11. 1 botte de persil.
Hacher le persil. Recouvrir avec 2 verres d'eau froide. Laisser infuser 12 h. Filtrer.
Utiliser matin et soir pour nettoyer la peau.
Autres indications : taches de rousseur, rides.

12. 2 c. à s. de pétales de roses fraîches finement coupés.
Recouvrir les pétales avec 1 verre d'eau bouillante. Couvrir. Envelopper dans une serviette éponge. Laisser infuser 20-30 mn.
Laisser refroidir. Filtrer.
Utiliser matin et soir pour lotionner la peau.
Egalement excellent pour asperger la peau avec un pulvérisateur 2 fois par jour.
Tonifie la peau, rafraîchit par temps chaud.
Recommandé pour peau sensible, vieillissante.

13. 1 c. à s. de pétales de roses.
1 c. à s. de fleurs de jasmin.
2 c. à s. d'eau de Cologne aux fleurs.
2 ampoules de vitamine B1.
Mélanger les fleurs. Recouvrir avec 2 verres d'eau bouillante. Laisser infuser 4-6 h. Filtrer. Ajouter le reste des ingrédients.
Utliser pour lotionner la peau.

Très efficace pour peau sensible, flétrie, fanée.
Véritable coup de fouet pour peau fatiguée.

14. 1-2 c. à s. de tilleul.
1 c. à c. de miel.
Recouvrir le tilleul avec 1 verre d'eau bouillante. Laisser infuser 10-15 mn. Filtrer. Ajouter le miel.
Utiliser pour lotionner la peau.

Peau grasse

1. 1 c. à s. de fleurs de souci.
1 c. à s. de camomille.
1 verre d'alcool de camphre.
Mélanger le souci et la camomille.
Recouvrir avec l'alcool de camphre. Laisser infuser 30 mn.
Utiliser matin et soir pour nettoyer et lotionner la peau.
Recommandé pour peau avec tendance aux comédons.

2. 2 c. à s. de camomille.
1 citron.
30 ml de vinaigre.
90 ml d'huile de camphre.
30 ml d'alcool à 70°.
Verser le jus de citron dans un récipient en émail ou en verre.
Dans un autre récipient couper le zeste du citron. Ajouter la camomille. Recouvrir avec 1 verre d'eau bouillante. Couvrir. Laisser infuser 1 h. Filtrer. Verser dans une bouteille. Ajouter le jus de citron, le vinaigre et l'alcool.
Utiliser matin et/ou soir pour lotionner la peau
Recommandé pour peau avec des comédons.

3. Tranches de citron.

Lotionner la peau avec les tranches de citron 2-3 fois par jour.

Recommandé en été quand la peau a tendance à transpirer et à briller.

Autres indications : comédons.

4. 1 c. à c. de jus de citron.

1/4 de verre d'eau.

Mélanger le jus de citron et l'eau.

Utiliser matin et soir pour lotionner la peau.

5. 1 citron.

1/2 verre d'alcool à 45°.

Râper le citron avec le zeste. Recouvrir avec l'alcool. Laisser macérer 5-7 jours à l'abri de la lumière. Filtrer. Verser dans le bac à glace. Congeler.

Utiliser pour lotionner la peau 2-3 fois par jour.

Recommandé pour peau aux pores dilatés.

6. Jus d'un citron.

1 blanc d'œuf.

1/2 verre d'alcool à 45°.

Battre le blanc en neige.

Mélanger tous les ingrédients.

Utiliser pour lotionner régulièrement la peau.

Recommandé pour peau aux pores dilatés.

7. 1 clémentine.

1/2 verre d'alcool à 45°.

Râper la clémentine avec la peau. Ajouter l'alcool. Laisser macérer à l'abri de la lumière une semaine. Filtrer.

Utiliser matin et soir pour nettoyer et lotionner la peau.

8. 100 g de concombre.

100 g d'alcool à 45°.

Râper le concombre. Recouvrir avec l'alcool. Laisser macérer à l'abri de la lumière 7-10 jours. Filtrer.

Utiliser matin et soir pour nettoyer et lotionner la peau.

Rafraîchit et tonifie, reduit l'excès de sébum.

Autres indications : peau flétrie, ridée, avec des taches de rousseur.

9. 1/2 concombre.

Alcool à 20° ou eau de Cologne.

Eplucher le concombre. Râper. Extraire le jus. Mélanger avec la même quantité d'alcool. Délayer avec de l'eau dans les proportions 1: 2.

Lotionner la peau 3 fois au cours de 30 mn.

Rincer avec de l'eau tiède.

A faire en cure de 30 jours.

Autres indications : peau flétrie, taches de rousseur.

La peau devient ferme, veloutée, retrouve son équilibre en sébum, les comédons et les taches de rousseur disparaissent.

Se conserve longtemps dans un flacon fermé au réfrigérateur.

10. 1 c. à s. de fenouil (partie verte) haché.

1 c. à s. de pétales de roses ou de sauge.

Mélanger les deux plantes. Recouvrir avec 1-1 1/2 verre d'eau bouillante. Laisser infuser 2 h. Filtrer.

Utiliser matin et soir pour lotionner la peau.

Recommandé pour peau aux pores dilatés.

Autre indication : peau sensible irritée.

11. 1/2 verre de framboises écrasées.

1 verre d'alcool à 45°.

Recouvrir les framboises avec l'alcool. Laisser macérer à l'abri de la lumière 1 mois. Filtrer.

Délayer de moitié avec de l'eau.

Utiliser à tout moment nécessaire pour nettoyer et lotionner la peau.

12. 1 c. à s. de persil haché.

1 c. à s. de pétales de roses ou de sauge.

Mélanger le persil et la rose.

Recouvrir avec 2 verres d'eau bouillante. Laisser infuser jusqu'à ce que l'infusion soit de température ambiante.

Utiliser pour lotionner la peau.

Recommandé pour peau sensible, irritée, aux capillaires dilatés.

13. 1 c. à s. de persil séché ou frais haché.

1/2 verre de vin blanc.

Recouvrir le persil avec 1 verre d'eau bouillante. Faire bouillir au bain-marie 20-30 mn.

Laisser infuser 1 h. Filtrer.

Ajouter le vin blanc.

Utiliser matin et soir pour nettoyer et lotionner la peau.

14. 2 c. à s. de pétales de roses finement coupés.

30 ml de jus de citron.

30 ml de jus de concombre.

10-20 ml d'alcool à 45°.

10 ml de glycérine.

Recouvrir les pétales avec 1 verre d'eau bouillante. Couvrir et envelopper dans une serviette éponge.

Laisser infuser 20-30 mn. Laisser refroidir. Filtrer.

Mélanger 60 ml de cette infusion avec le reste des ingrédients.

Utiliser matin et soir pour nettoyer et lotionner la peau.

Rafraîchit la peau.

Recommandé pour peau aux pores dilatés.

15. 20 g de sauge.
100 ml d'alcool à 20°.
Mettre la sauge dans une bouteille en verre transparent. Recouvrir avec l'alcool. Fermer. Laisser macérer à la lumière 2 jours.
Utiliser matin et soir pour lotionner la peau.
Recommandé pour peau irritée.

16. 1 c. à c. de thé.
3-4 gouttes de jus de citron.
Recouvrir le thé avec 1/4 d'eau bouillante. Laisser infuser 30-40 mn. Filtrer. Ajouter le jus de citron.
Utiliser matin et soir pour lotionner la peau
A une action astringente ; resserre les pores.

17. 1-2 c. à s. de tilleul.
Recouvrir le tilleul avec 1 verre d'eau bouillante. Laisser infuser 10-15 mn. Filtrer.
Utiliser matin et soir pour lotionner et nettoyer la peau.
Adoucit la peau, calme l'irritation
Autres indications : comédons, rides.
Excellent surtout après une transpiration excessive et une station prolongée dans un milieu poussiéreux.

18. Jus de choucroute.
Utiliser ce jus pour lotionner la peau juste avant la toilette.
Assainit et resserre les pores.

19. 1 c. à s. de jus d'ortie.
100 ml d'alcool à 45°.
Mélanger le jus d'ortie et l'alcool.
Utiliser matin et soir pour nettoyer et lotionner la peau.
Cette cure est efficace pour assainir la peau et régulariser l'excès de sébum si on l'utilise au moins 2 mois.

20. 1 c. à s. d'ortie finement coupée.

Recouvrir l'ortie avec 1 verre d'eau bouillante. Laisser infuser 30 mn. Filtrer.

Utiliser pour lotionner la peau.

Peut être utilisé pour faire des compresses : plier une gaze plusieurs fois. Imprégner avec la lotion. Appliquer sur le front, les joues et le menton. Laisser agir 5-10 mn. Répéter l'application 3-4 fois.

Favorise la régénération des cellules, améliore la circulation sanguine.

Rend le teint lumineux et la peau douce et élastique.

Peau ne supportant pas le savon

1. Jus de concombre.

1 jaune d'œuf.

1/2 verre de crème.

1 c. à s. d'alcool à 45°.

Bien mélanger tous les ingrédients. Filtrer.

Cette lotion est recommandée pour remplacer le nettoyage avec de l'eau pour une peau très sensible et/ou irritée.

Conserver dans un flacon au frais.

N.B. Si la peau ne supporte pas l'alcool à 45°, remplacer par l'alcool à 20°.

2. 1 c. à s. de menthe.

Recouvrir la menthe avec 1 verre d'eau bouillante. Laisser infuser 30 mn. Filtrer.

Utiliser pour nettoyer la peau à la place de la toilette avec de l'eau.

Recommandé pour peau sèche, vieillissante ou hypersensible.

3. 1 verre de pommes de terre écrasées.

Lait.

1 c. à c. d'acide borique.

1 c. à c. de mousse à raser.

Mélanger les pommes de terre avec le lait (ou de l'eau) jusqu'à la consistance de crème fraîche. Ajouter les autres ingrédients. Bien mélanger.

Appliquer la masse sur le visage. Frotter avec le bout des doigts pour bien étaler. Laisser agir 1 mn.

Rincer avec de l'eau froide.

Excellent pour nettoyer en profondeur la peau.

Recommandé pour peau sèche.

Se conserve au réfrigérateur 2-3 jours.

Compresses et bains de vapeur

La compresse dilate les vaisseaux sanguins et les pores de la peau, détend les muscles, contribue à éliminer la poussière incrustée et les cellules mortes. Il est déconseillé de faire des compresses chaudes (38°-42°) si les vaisseaux sanguins sont dilatés. Les compresses froides (15°-18°) sont à garder 5-10 mn. Elles tonifient la peau, améliorent le teint, resserrent les pores, éliminent l'excès de sébum et régularisent la transpiration.

Il est bon d'alterner compresses chaudes - compresses froides.

Tout type de peau

1. 1-2 c. à s. de tilleul.

Verser dans un récipient en émail 1,5 l d'eau (6 verres). Porter à ébullition. Retirer du feu. Mettre le tilleul.

Bien nettoyer le visage. Couvrir la tête avec une serviette et garder le visage au-dessus de la vapeur.

Durée du bain de vapeur :

• peau grasse : 15-20 mn.

• peau normale : 10-15 mn.

• peau sèche : 5-10 mn.

Rincer avec de l'eau froide. Sécher avec une serviette en papier. 20-30 mn plus tard appliquer un masque de beauté.

2. 1 c. à s. de camomille.

1 c. à s. de menthe.

Mettre les plantes dans un récipient en émail. Recouvrir avec de l'eau jusqu'à la moitié du récipient. Porter à ébullition. Laisser infuser 10-15 mn.

Couvrir la tête avec une serviette et garder le visage au-dessus de la vapeur.

Durée du bain de vapeur :

- peau grasse : 10 mn (fréquence 2-3 fois par mois).
- peau normale : 7 mn (2 fois).
- peau sèche : 3-5 mn (1 fois).

Ne pas essuyer.

Appliquer une crème.

3. 3-4 c. à s. de sauge.

Mettre la sauge dans un récipient en émail. Recouvrir avec 2 l d'eau bouillante (8 verres). Porter à ébullition. Filtrer.

Recouvrir la tête avec une serviette éponge et garder le visage au-dessus de la vapeur.

Durée du bain de vapeur : 15 mn.

Ce bain de vapeur est excellent pour préparer la peau à d'autres soins cosmétiques (masques, massages).

Peau normale

1. 2 c. à s. de menthe.

Recouvrir la menthe avec 2 verres d'eau bouillante. Laisser infuser 30 mn. Filtrer.

Plier une serviette, de préférence en éponge, 2-3 fois.

Tremper dans l'infusion. Appliquer sur le visage et le cou nettoyés au préalable de façon à ce que le milieu de la compresse couvre le menton et que les bords couvrent les joues.

2. 1 c. à s. de sauge.

Recouvrir la sauge avec 1 verre d'eau bouillante. Laisser infuser 30 mn. Filtrer.

Nettoyer la peau.

Utiliser pour faire des compresses tièdes.

Ces compresses préparent d'une excellente façon la peau pour les autres soins cosmétiques (masques, massages).

Peau sèche

1. 1 c. à s. de tilleul.

1 c. à s. de jus de citron ou de vinaigre.

Recouvrir le tilleul avec 1 verre d'eau bouillante. Laisser infuser 10-15 mn. Filtrer.

Nettoyer la peau et appliquer une fine couche de crème légère.

Utiliser l'infusion pour faire des compresses chaudes (38°-42°).

Durée d'une compresse : 1-1,5 mn. A répéter 4-6 fois de suite.

Mélanger 1 l d'eau froide (4 verres) avec le jus de citron. Rincer le visage avec cette eau.

Excellent pour une peau flétrie, déshydratée, terne et fatiguée.

2. 1 c. à s. de camomille.

Recouvrir la camomille avec 2 verres d'eau bouillante. Faire bouillir à feu doux 10-15 mn. Filtrer.

Tremper une serviette dans la décoction encore chaude et appliquer sur le visage. Quand la compresse commence à refroidir, recommencer l'opération sans réchauffer la décoction.

Rincer avec de l'eau froide. Appliquer une crème grasse.

3. 1 botte de persil très frais.
Extraire le jus du persil (avec une centrifugeuse).
Utiliser ce jus pour faire des compresses.
A faire 1 fois par jour.
Une cure se fait sur 10 jours.
Recommandé pour peau iritée, aux capillaires dilatés.

Peau grasse

1. 1 c. à s. de bleuet.
1 c. à s. d'eau de Cologne.

Recouvrir le bleuet avec 1 verre d'eau bouillante. Laisser infuser 30 mn. Filtrer. Ajouter l'eau de Cologne.

Utiliser pour faire des compresses froides de préférence ou, encore mieux, en alternance chaudes - froides.

Recommandé surtout pour peau aux pores dilatés.

2. 1 c. à s. de feuilles d'ortie.

Recouvrir l'ortie avec 1 verre d'eau bouillante. Laisser infuser 20 mn. Filtrer.

Utiliser l'infusion pour faire des compresses de température ambiante.

Durée de la compresse : 5-10 mn. A répéter 3-4 fois.

Excellent pour rendre la peau élastique, douce. Stimule la circulation sanguine et rend le teint lumineux.

3. 100 g de concombre.
100 ml d'alcool à 45°.

Râper le concombre. Recouvrir avec l'alcool. Laisser macérer à l'abri de la lumière 7-10 jours. Filtrer.

Utiliser pour faire des compresses froides.

Durée d'une compresse : 5 mn. A répéter 3 fois de suite.

Rincer à l'eau froide.

Autres indications : peau flétrie, ridée; comédons ; taches de rousseur.

Excellent pour purifier, rafraîchir et tonifier la peau.

4. Une grosse poignée de pétales de roses.

Mettre les pétales dans une passoire. Bien étaler au fond. Faire chauffer de l'eau dans un récipient en émail ou une casserole. Placer sur ce récipient la passoire.

Recouvrir la tête avec une serviette éponge et garder le visage au-dessus de la vapeur.

Durée du bain de vapeur : 15 mn.

Excellent pour assainir et rafraîchir la peau.

5. 2 c. à s. de camomille.

Recouvrir la camomille avec 2 verres d'eau bouillante. Laisser infuser 10-15 mn.

Utiliser l'infusion pour faire des compresses relativement chaudes (environ 35°).

Durée de la compresse : 5 mn. A répéter 5 fois de suite.

Une cure comprend 20-25 soins, dont les 10-12 premiers sont à faire tous les jours, les autres - 1 jour sur 2.

Ces compresses ont un effet anti-inflammatoire, calmant et légèrement antiseptique.

Surtout recommandé pour peau ayant tendance aux comédons.

6. 2 c. à s. de prêle.

1 c. à s. d'eau de Cologne.

Recouvrir la prêle avec 2 verres d'eau bouillante. Faire bouillir à feu doux 5-10 mn. Laisser refroidir. Filtrer. Ajouter l'eau de Cologne.

Utiliser pour faire des compresses.

Resserre les pores et adoucit la peau.

Peau flétrie et fatiguée

1. 1-2 c. à s. de tilleul.

Recouvrir le tilleul avec 2 verres d'eau bouillante. Faire bouillir à feu doux 5-10 mn. Filtrer.

Nettoyer la peau et appliquer une crème hydratante.

Prendre deux petites serviettes éponge. Tremper l'une dans de l'eau très froide, l'autre dans la décoction chaude de tilleul.

Appliquer d'abord la compresse froide, puis la chaude.

Durée d'une compresse froide : 1-2 mn.

Durée d'une compresse chaude : 5 mn.

A répéter 3-4 fois de suite.

Véritable coup de fouet pour une peau fatiguée, terne.

2. 1 c. à s. de camomille.

Recouvrir la camomille avec 1 verre d'eau bouillante.

Laisser infuser 30 mn. Filtrer.

Utiliser l'infusion pour faire des compresses chaudes-froides en alternance.

Durée d'une compresse chaude : 1-2 mn.

Durée d'une compresse froide : 5 mn.

A répéter 4-5 fois de suite.

Excellent pour une peau terne et sans éclat.

3. 2-3 c. à s. de pétales de roses émiettés.

Recouvrir les pétales avec 1 verre d'eau bouillante. Laisser infuser jusqu'à ce que l'infusion soit tiède. Filtrer.

Utiliser l'infusion pour faire des compresses tièdes.

Adoucit et raffermit la peau.

Resserre les pores.

Recommandé lors de l'apparition des premières rides.

4. 1 c. à s. de prêle.

Mettre la prêle dans un récipient en émail. Recouvrir avec 1 l d'eau bouillante (4 verres).

Recouvrir la tête avec une serviette éponge et garder le visage au-dessus de la vapeur jusqu'à ce qu'il n'y en ait plus.

Excellent pour raffermir et redonner un coup de jeune à une peau fanée.

5. 1 c. à c. de vinaigre de pomme.

Délayer le vinaigre avec 1 l d'eau froide (4 verres).

Utiliser ce mélange pour faire des compresses.

Tonifie et ravive la peau.

Masques

Tout type de peau

1. 2 abricots.
1 c. à s. de jus de citron.
Mélanger la chair des abricots avec le jus de citron. Appliquer le mélange sur le visage. Recouvrir avec une gaze.
Laisser agir 20 mn.
Rincer avec de l'eau froide.
A faire 2-3 fois par semaine.

2. 1 c. à c. de betterave crue.
1 c. à c. de crème fraîche.
1 c. à c. de jaune d'œuf.
Mélanger tous les ingrédients.
Etaler sur le visage. Laisser agir 20-30 mn.
Rincer avec de l'eau tiède.

3. 1 carotte.
1 c. à s. de lait (ou de crème, fromage blanc, jaune d'œuf).
Râper finement la carotte.
Mélanger 2-3 c. à s. de cette purée avec le lait.
Etaler sur le visage en une couche bien épaisse.
Laisser agir 20-30 mn.
Rincer avec de l'eau tiède. Appliquer une crème nourrissante.

Il est recommandé de faire ce masque 1-2 fois par semaine.

Rend la peau douce, lisse, ferme et veloutée. Donne un aspect très frais au visage.

Recommandé pour tout type de peau, mais particulièrement pour une peau sèche ou normale.

4. 100 g de fraises réduites en purée.

1 c. à c. de fécule de pommes de terre.

Délayer la fécule avec 1 c. à s. d'eau froide. Recouvrir avec 1 c. à c. d'eau bouillante.

Bien mélanger. Mélanger 1 c. à s. de cette pâte avec les fraises.

Appliquer sur le visage une crème grasse.

Appliquer le masque sur le visage. Laisser agir 15 mn.

Rincer avec de l'eau froide.

A faire ce masque 2-3 fois par semaine.

5. Epluchures de concombre très frais.

Appliquer les épluchures sur le visage. Faire tenir à l'aide d'une gaze humide. Laisser agir 20-30 mn.

Enlever. Absorber le reste du jus avec une serviette en papier.

Excellent pour lisser, blanchir et hydrater la peau. Rend le teint frais, sain. Resserre les pores.

6. 100 g de concombre épluché.

Quelques gouttes de jus de citron.

Râper finement le concombre. Ajouter le jus de citron.

Etaler sur le visage et le cou. Laisser agir 20-25 mn.

Enlever à l'aide d'un coton sec sans laver.

Excellent pour hydrater.

Ce même masque blanchit les taches de rousseur si on prend les proportions suivantes : 200 g de concombre et 1 c. à s. de jus de citron.

7. Jus de fraises (pour mélanger).

Farine.

Jus de fraises (pour lotionner).

Mélanger le jus de fraises avec la farine de façon à obtenir une sorte de purée.

Lotionner le visage avec le jus de fraises pur.

Appliquer le masque sur le visage. Recouvrir avec une gaze ou une serviette en tissu fin. Laisser agir 15-20 mn.

Enlever à l'aide d'un coton humide. Appliquer ensuite une crème.

Ce masque apporte les vitamines nécessaires pour une peau saine et éclatante.

8. 3 fraises.

1 c. à c. de miel.

Ecraser les fraises. Ajouter le miel.

Etaler sur le visage nettoyé. Laisser agir 15-20 mn.

Rincer avec de l'eau tiède. Appliquer une crème nourrissante pour peau sèche.

9. 1/2 verre de jus de framboises.

Tremper une fine couche de coton ou une gaze pliée 5-6 fois. Essorer légèrement. Lotionner la peau avec un lait ou de l'eau (crème fraîche pour les peaux sèches). Appliquer sur le visage et le cou. Quand le masque commence à devenir sec, renouveler l'application.

Rincer avec de l'eau tiède. Essuyer avec une serviette très douce. Appliquer une crème.

A faire ce masque 2-3 fois par semaine.

Améliore le teint. Rend la peau ferme, veloutée, fraîche.

Autres indications : prévient l'apparition des rides et le relâchement cutané en général.

N.B. Efficace aussi pour atténuer les taches de rousseur et de pigmentation : ajouter 1 c. à c. de jus de citron.

10. Jus d'une orange.

1 c. à s. de farine.

Mélanger le jus et la farine.

Appliquer sur le visage. Recouvrir avec un masque fait en tissu (avec ouverture pour les yeux, le nez et la bouche). Laisser agir 15-20 mn.

Enlever. Rincer avec de l'eau froide.

Autres indications : peau flétrie.

11. Zeste séché d'une orange.

1 c. à c. de crème fraîche.

1 c. à c. de jaune d'œuf.

Passer le zeste au moulin à café. Mélanger 1 c. à c. de la farine obtenue avec le reste des ingrédients.

Appliquer sur le visage et le cou. Laisser agir 20-30 mn.

Rincer avec de l'eau tiède.

Rafraîchit et nourrit. Donne un coup de fouet aux peaux fatiguées.

12. 1 pamplemousse.

1 tasse de lait caillé.

Ecraser la chair du pamplemousse. Ajouter le lait. Mettre au réfrigérateur.

Appliquer sur le visage et le cou. Laisser agir 30 mn.

Rincer avec de l'eau tiède.

13. 1/2 verre de jus de pêche.

1/2 verre de lait.

Mélanger le jus de pêche et le lait.

Tremper une fine couche de coton ou une gaze pliée plusieurs fois. Appliquer sur le visage. Recouvrir avec une serviette humide. Laisser agir 15-20 mn.

Enlever. Essuyer avec un coton. Appliquer une crème.

14. 1 jaune d'œuf.

1 c. à c. de jus de pastèque.

1 blanc d'œuf battu en neige si la peau est grasse.

Travailler le jaune. Ajouter le jus de pastèque. (Ajoutcr le blanc.)

Lotionner la peau avec du jus de pastèque ou, encore mieux, faire un bain de vapeur avec une infusion de camomille ou de tilleul pour dilater les pores.

Appliquer le masque sur le visage et le cou. Laisser agir 10-20 mn.

Enlever à l'aide d'une éponge humide.

15. 1 jaune d'œuf (pour les peaux grasses : 1 blanc d'œuf).

1 c. à c. de jus de raisin.

Travailler le jaune (ou le blanc).

Mélanger avec le jus de raisin.

Appliquer sur le visage.

Laisser agir 15-20 mn.

Rincer avec de l'eau tiède

16. Prunes bien mûres.

Eplucher les prunes. Ecraser à l'aide d'une cuillère. Extraire le jus à travers une gaze.

Tremper une fine couche de coton dans 50-100 ml de ce jus. Appliquer sur le visage (pour les peaux sèches, appliquer au préalable une crème grasse ou de la crème fraîche). Laisser agir 15-20 mn. On peut renouveler l'application si le coton devient sec avant ce temps.

Enlever. Essuyer avec un coton sec.

17. 1/2 c. à s. de jus de raisin.

Tremper une serviette en papier ou en gaze dans le jus de raisin.

Appliquer sur le visage. Laisser agir 15-20 mn.

Enlever. Rincer avec de l'eau tiède. Essuyer avec une serviette douce. Appliquer une crème nourrissante.

A faire 2-3 fois par semaine. Une cure comprend 15-20 applications.

Rend la peau veloutée, fraîche, élastique. Prévient la flaccidité. Excellent pour purifier et tonifier.

18. 5 fleurs de roses.

Farine de riz ou d'avoine.

Mettre les roses dans un bocal. Recouvrir avec 1 verre d'eau. Laisser infuser 30 mn. Filtrer. Délayer dans un peu de farine en quantité suffisante pour obtenir une sorte de purée.

Appliquer sur le visage, le cou et la poitrine.

Laisser agir 30 mn.

Rincer avec de l'eau tiède. Appliquer une crème.

19. 1 c. à s. de tilleul.

Recouvrir le tilleul avec 1/2 verre d'eau bouillante.

Faire bouilllir à feu doux jusqu'à obtention d'une masse épaisse.

Pour les peaux grasses : étaler cette masse encore chaude sur le visage en couche épaisse (le mieux : à travers une gaze).

Pour les peaux sèches et normales : étaler la masse froide.

Laisser agir 15-20 mn.

Essuyer avec un coton. Rincer avec de l'eau froide. Appliquer une crème grasse sur les peaux sèches et normales.

A faire 2-3 fois par semaine. Une cure comprend 15-20 applications.

20. 1 tomate.

2 c. à s. de fromage blanc.

1 c. à s. de lait.

1 c. à c. d'huile de tournesol.

Une pincée de sel.

Eplucher la tomate. Réduire en purée. Ajouter les autres ingrédients.

Appliquer sur le visage. Laisser agir 15-20 mn.

Rincer avec de l'eau tiède.

Excellent pour tonifier la peau.

Peau normale

1. Amande.

1 c. à s. d'huile ou de crème fraîche.

1 c. à s. de jaune d'œuf.

Moudre les amandes dans un moulin à café ou écraser dans un mortier.

A 1 c. à c. d'amandes ainsi réduites en purée ajouter l'huile ou la crème fraîche et le jaune d'œuf. Bien mélanger.

Appliquer sur le visage et le cou.

Laisser agir 20-30 mn.

Rincer avec de l'eau froide.

2. 1 c. à c. de miel.

1 c. à c. de glycérine.

1 c. à c. de farine.

Mélanger le miel, la glycérine et 2 c. à c. d'eau. Ajouter, en remuant, la farine d'avoine pour obtenir une masse homogène.

Appliquer sur le visage et le cou. Laisser agir 20-25 mn.

Rincer avec de l'eau tiède.

A faire 1-2 fois par semaine pendant 1-1,5 mois. La cure est à répéter tous les 2-3 mois.

Recommandé pour peau rugueuse, flétrie, qui pèle.

3. 1/2 c. à s. de camomille.

1/2 verre de crème.

2 jaunes d'œuf.

Recouvrir la camomille avec 1/2 verre d'eau bouillante. Faire bouillir 5 mn. Filtrer. Mélanger avec la crème et les jaunes.

Tremper une serviette. Appliquer sur le visage.

Laisser agir 15-20 mn.

Rincer avec de l'eau froide.

Tonifie, rafraîchit, rajeunit la peau.

4. 1 jaune d'œuf.

1/2 c. à c. de jus de citron.

Battre le jaune jusqu'à obtention d'une mousse.

Ajouter le jus de citron.

Appliquer sur le visage. Laisser agir 15-20 mn.

Rincer avec de l'eau tiède, puis froide.

Rafraîchit, nourrit, adoucit, hydrate et lisse les rides.

Autres indications : peau flétrie, qui a tendance à peler, avec des rides.

5. 1-2 clémentines.

Facultatif : 1 c. à s. de miel (ou de crème fraîche, jaune d'œuf).

Ecraser la chair de clémentine.

Facultatif : mélanger avec un des ingrédients au choix.

Appliquer sur le visage. Laisser agir 15-20 mn.

Rincer avec de l'eau tiède.

A faire 2-3 fois par semaine.

Une cure comprend environ 20 applications.

6. 1 jaune d'œuf.

1 c. à c. de jus de concombre.

Travailler le jaune. Ajouter le jus de concombre.

Appliquer sur le visage. Laisser agir 15-20 mn.

Rincer avec de l'eau tiède, puis froide.

Adoucit et nourrit.
Autres indications : peau flétrie, ridée.

7. 2-3 c. à s. de melon réduit en purée.
1 c. à c. de miel.
1 c. à s. de crème fraîche.
Mélanger tous les ingrédients.
Appliquer sur le visage. Laisser agir 15-20 mn.
Rincer avec de l'eau froide.

8. 1 jaune d'œuf.
1 c. à c. de jus de pastèque.
1 c. à c. d'huile.
1 c. à c. de crème fraîche.
Infusion de thé léger.

Travailler le jaune d'œuf. Ajouter le jus de pastèque et l'huile. En dernier, ajouter la crème fraîche. (Si le mélange n'est pas assez épais, ajouter un peu de farine d'orge ou de mie de pain blanc écrasée.)

Appliquer sur le visage. Laisser agir 15-20 mn.
Rincer avec du thé léger.

A faire 2-3 fois par semaine. Une cure comprend 12-15 masques.

9. 1 pêche.
1 c. à s. de fromage blanc ou 1 jaune d'œuf.
Facultatif : 1 c. à c. de crème fraîche ou d'huile.

Réduire la pêche en purée. Mélanger avec le fromage blanc (et la crème fraîche).

Appliquer sur le visage. Laisser agir 10-15 mn.
Rincer avec de l'eau tiède.

10. 1 jaune d'œuf.
1 c. à c. de jus de raisin.

1 c. à c. d'huile.

1 c. à c. de crème fraîche.

Infusion de thé léger.

Farine d'orge ou mie de pain blanc émiettée.

Travailler le jaune. Mélanger avec le jus de raisin, la crème fraîche, et l'huile. Ajouter la farine en quantité suffisante pour obtenir une masse assez épaisse.

Appliquer sur le visage nettoyé au préalable. Laisser agir 15-20 mn.

Rincer avec du thé léger.

A faire 2-3 fois par semaine. Une cure comprend 12-15 applications.

11. Une tasse à café de pétales de roses séchées.

1 1/2 c. à c. de crème fraîche.

1 c. à c. de blanc d'œuf.

Passer les pétales de roses au moulin à café. Mélanger 1 c. à c. de la farine obtenue avec la crème fraîche et le blanc. Laisser reposer 20-30 mn.

Appliquer sur le visage et le cou nettoyés au préalable. Laisser agir 20-30 mn.

Rincer avec de l'eau froide.

Nourrit et tonifie la peau. A également un effet adoucissant très appréciable.

Peau sèche

1. 1 c. à s. de chair d'abricot.

1 c. à s. de fromage blanc ou de crème fraîche.

Mélanger tous les ingrédients.

Appliquer sur le visage. Laisser agir 15-20 mn.

Rincer avec de l'eau tiède.

2. Jaune d'œuf.
1 c. à c. d'huile d'olive.
1 c. à c. de crème fraîche.
2-3 c. à c. de mouture d'amande.
Battre le jaune d'œuf. Ajouter les autres ingrédients.
Appliquer une fine couche de crème sur le visage.
Appliquer le masque. Laisser agir 15 mn.
Rincer avec de l'eau tiède.
Recommandé pour peau sèche et rugueuse.

3. Jaune d'œuf.
1 c. à c. de mouture d'amande.
1 c. à c. d'huile d'olive (ou d'amande ou de tournesol).
6-10 gouttes de jus de citron.
Mélanger tous les ingrédients.
Appliquer sur le visage. Laisser agir 15-20 mn.
Rincer avec de l'eau froide.
A faire tous les deux jours.

4. 1 c. à s. de jus de fruits (au choix).
2 c. à s. de mouture d'amande.
Mélanger le jus de fruits avec la moutute d'amande de façon à obtenir une sorte de purée.
Appliquer sur le visage. Recouvrir avec une gaze. Laisser agir 20 mn.
Rincer avec de l'eau froide.
Recommandé pour peau sèche.
Autre indication : peau flétrie.

5. 2-3 carottes.
Jaune d'œuf.
1 c. à c. d'huile.
Râper les carottes.
Ajouter le jaune et l'huile.

A l'aide d'un coton appliquer sur le visage.
Laisser agir 20-25 mn.
Rincer avec de l'eau tiède.
Faire une compresse adéquate à l'état de la peau.
Autre indication : peau flétrie.

6. 2-3 feuilles de chou.
Jaune d'œuf.
Huile.

Hacher le chou. Recouvrir avec un peu d'eau. Faire cuire juste le temps de ramollir le chou. Mélanger dans des proportions égales avec le jaune et l'huile.

Appliquer sur le visage. Laisser agir 20-30 mn.
Rincer avec de l'eau froide.
Appliquer une crème grasse.
Recommandé pour peau très sèche.

7. 1 c. à s. de jus de concombre.
1 c. à s. d'huile d'amande ou d'olive.
Mélanger le jus de concombre et l'huile.
Appliquer sur le visage. Laisser agir 30 mn.
Rincer avec de l'eau tiède, puis froide.
Rend la peau veloutée, adoucit si elle est rugueuse.

8. 1/2 concombre.
2 c. à s. de crème fraîche.

Râper le concombre. Mélanger 3-4 c. à s. de la purée obtenue avec la crème fraîche.

Appliquer sur le visage et le cou. Laisser agir 20 mn.
Rincer avec de l'eau tiède.
A faire 2 fois par semaine.

Recommandé pour peau sèche ayant tendance à se desquamer.

9. 1/2 verre de groseilles à maquereau.

1 c. à s. de miel ou 1 jaune d'œuf.

Réduire les groseilles à maquereaux en purée. Mélanger avec le miel.

Appliquer sur le visage. Laisser agir 15-20 mn.

Rincer avec de l'eau froide. A faire tous les deux jours. Une cure 15-20 applications

10. 1 c. à s. de farine ou de mouture d'amande.

Jus d'une orange.

Mélanger la farine et le jus.

Appliquer sur le visage. Recouvrir avec une serviette en tissu ou de gaze. Laisser agir 15-20 mn.

Rincer avec de l'eau froide.

11. 1 c. à c. d'ortie.

1 c. à s. de lait.

1 c. à c. de jaune d'œuf.

Recouvrir l'ortie avec le lait chaud. Laisser infuser 1 mn. Ajouter le jaune.

Appliquer sur le visage. Laisser agir 2 mn.

Rincer avec de l'eau froide.

12. 1 c. à s. de beurre.

Jaune d'œuf.

1 c. à c. de miel.

1 c. à s. de purée de pomme.

Mélanger tous les ingrédients.

Appliquer sur le visage. Laisser agir 20-30 mn.

Essuyer le surplus avec une serviette en papier.

13. 1 pomme.

1 c. à c. de miel.

2 c. à s. de flocons d'avoine.

Râper la pomme. Moudre les flocons d'avoine au moulin à café.

Mélanger la pomme avec le miel et 1 c. à s. de flocons d'avoine.

Appliquer sur le visage. Laisser agir 15-20 mn.

Rincer avec de l'eau tiède.

Autre indication : peau flétrie.

14. 1 pomme de terre.

1 c. à c. d'huile d'olive.

Quelques gouttes de jus de citron.

Faire cuire la pomme de terre en robe de chambre. Eplucher. Mélanger avec le reste des ingrédients.

Appliquer sur le visage. Laisser agir 20 mn.

Rincer avec de l'eau chaude, puis froide.

15. 1-2 c. à s. de jus de tomate.

1-2 c. à s. de farine ou de mouture d'amandes.

Mélanger le jus de tomate et la farine.

Appliquer sur le visage. Recouvrir avec une gaze.

Laisser agir 15-20 mn.

Rincer avec de l'eau froide.

Améliore le teint, resserre les pores, apporte les vitamines nécessaires.

Autre indication : peau flétrie.

Peau grasse

1. 4 abricots.

Blanc d'œuf.

Eplucher les abricots. Réduire la chair en purée. Mélanger dans les proportions égales avec le blanc d'œuf.

Appliquer sur le visage. Laisser agir 30 mn.
Rincer avec de l'eau froide.

2. 1 banane mûre.
1 c. à c. de lait.
1 c. à c. de jus de citron.
Ecraser la banane avec une fourchette. Ajouter le lait et le jus de citron.
Appliquer sur le visage. Laisser agir 20 mn.
Essuyer avec un coton trempé dans de l'eau tiède ou du lait.
A faire tous les jours ou tous les deux jours.
Une cure comprend 10 applications. On peut recommencer la cure après un intervalle de 1-2 mois.

3. 1 carotte.
1 pomme.
Râper la pomme et la carotte.
Appliquer sur le visage. Laisser agir 15-20 mn.
Rincer avec de l'eau froide.
A faire tous les jours ou tous les deux jours.
Une cure comprend 20 applications.
Recommandé pour peau grasse, pâle, avec tendance aux comédons.

4. 1 carotte.
Blanc d'œuf.
1 c. à c. de farine.
Râper la carotte. Mélanger avec le blanc d'œuf et la farine.
Appliquer sur le visage et le cou. Laisser agir 15-20 mn.
Rincer avec de l'eau tiède.

5. 10 g de levure fraîche de boulanger.
Jus d'un demi citron.
Délayer la levure avec le jus de citron.

Appliquer sur le visage. Laisser agir 15 mn.

Rincer avec de l'eau tiède.

Terminer par une compresse froide adéquate à l'état de la peau.

6. 1/2 concombre.

Blanc d'œuf.

Battre le blanc en neige. Râper le concombre. Mélanger avec 1 c. à s. le blanc.

Appliquer sur le visage. Laisser agir 15-20 mn.

Rincer avec de l'eau froide.

Adoucit et rafraîchit la peau.

Recommandé pour peau grasse aux pores dilatés.

7. 1 c. à s. de menthe.

Recouvrir la menthe avec 2 verres d'eau bouillante. Laisser infuser 20 mn. Filtrer.

Imprégner une compresse de gaze. Appliquer sur le visage.

Laisser agir 15-20 mn.

A faire 2-3 fois par semaine.

Une cure comprend 15-20 applications.

8. 1 c. à c. d'ortie.

1 c. à s. de lait.

1 c. à c. de blanc d'œuf.

Recouvrir l'ortie avec le lait tiède. Laisser infuser 10 mn. Ajouter le blanc d'œuf.

Appliquer sur le visage. Laisser agir 20 mn.

9. 2 c. à s. d'infusion de persil.

1 c. à s. de flocon d'avoine.

Glaçon d'infusion de persil.

Moudre les flacons d'avoine dans un moulin à café.

Mélanger avec l'infusion de persil.
Appliquer sur le visage et le cou en couche épaisse.
Laisser agir 20 mn.
Rincer avec de l'eau froide.
Lotionner avec un glaçon d'infusion de persil.

10. Une poignée de raisin.
1/2 jaune d'œuf.
Un peu de farine.
Réduire le raisin en purée. Mélanger 1 c. à s. de cette purée avec le jaune et la farine de façon à obtenir une masse bien homogène.
Appliquer sur le visage. Laisser agir 20 mn.
Rincer avec de l'eau tiède, puis froide.

11. Blanc d'œuf.
1 c. à s. de miel.
2 c. à s. de farine.
Quelques gouttes d'infusion de rose ou d'eau de rose achetée dans le commerce.
Battre le blanc en neige. Ajouter les autres ingrédients.
Appliquer sur le visage. Laisser agir 20-25 mn.
Rincer avec de l'eau froide.
Recommandé pour peau grasse aux pores dilatés.

12. 1/2 verre de jus de tomate.
1 tomate.
Blanc d'œuf.
Eplucher la tomate. Réduire en purée. Battre le blanc en neige. Mélanger avec la purée de tomate.
Lotionner le visage avec le jus de tomate.
Mettre le mélange tomate-blanc d'œuf sur une serviette de gaze. Appliquer sur le visage. Laisser agir 10-15 mn.
Rincer avec de l'eau tiède.

13. 1-2 tomates bien mûres.
Eplucher les tomates. Réduire en purée.
Appliquer sur le visage. Laisser agir 20 mn.
Rincer avec de l'eau froide.

Peau sensible

1. 1-2 c. à s. de camomille.
Quelques gouttes d'huile.
Recouvrir la camomille avec 1 verre d'eau bouillante.
Laisser infuser 20 mn. Filtrer. Ajouter l'huile.
Imprégner une serviette de gaze assez épaisse. Appliquer sur le visage. Laisser agir 15-20 mn.
Rincer avec de l'eau froide.

2. 4-5 framboises.
1 c. à c. de crème fraîche ou de fromage blanc.
Travailler les framboises avec la crème fraîche.
Appliquer sur le visage. Laisser agir 20 mn.
Rincer avec de l'eau froide.

3. 1 c. à c. de fromage blanc.
1 c. à c. de miel.
2 c. à c. de jus de groseilles.
Travailler le fromage avec le miel. Ajouter le jus de groseilles.
Appliquer sur le visage en couche épaisse.
Laisser agir 10-15 mn.
Rincer avec de l'eau froide.

4. 1 c. à c. de fromage blanc.
1 c. à c. de miel.

2 c. à c. de jus de pêche.

Mélanger tous les ingrédients.

Appliquer sur le visage. Laisser agir 10-15 mn.

Rincer avec de l'eau froide.

5. 1 c. à s. de pétales de roses.

Fécule de pomme de terre.

Recouvrir les pétales de roses avec 1 verre d'eau bouillante. Laisser infuser 30 mn. Filtrer. Ajouter un peu de fécule de pomme de terre.

Appliquer sur le visage. Laisser agir 15-20 mn.

Rincer avec de l'eau froide.

Peau flétrie

1. 2 c. à s. d'avoine.

4 c. à s. de lait ou de crème.

Recouvrir les flocons d'avoine avec le lait ou la crème. Laisser gonfler jusqu'à une consistance d'une purée.

Appliquer sur le visage. Laisser agir 20 mn.

Rincer avec de l'eau chaude, puis froide.

Rend la peau lisse et élastique.

2. 1 c. à s. de flocons ou de farine d'avoine.

2 c. à s. de lait ou de crème fraîche.

Quelques gouttes de citron ou de tomate.

Quelques gouttes d'huile.

1 c. à c. de miel.

Recouvrir les flocons avec le lait tiède. Laisser gonfler jusqu'à obtention d'une sorte de purée. Ajouter le reste des ingrédients.

Appliquer sur le visage. Laisser agir 20 mn.

Rincer avec de l'eau tiède, puis froide.

3. 2-3 carottes.
Jaune d'œuf.
1 c. à c. d'huile.
Râper les carottes. Mélanger avec le reste des ingrédients.
Appliquer sur le visage et le cou avec un coton.
Laisser agir 20-25 mn.
Rincer avec de l'eau tiède.
Appliquer une compresse adéquate à l'état de la peau.
Recommandé pour peau flétrie sèche et flasque.

4. 1 c. à s. de jus de concombre.
1 c. à s. de crème épaisse.
20 gouttes d'infusion de rose (ou d'eau de rose achetée dans le commerce).
Battre le jus de concombre, la crème et les 20 gouttes d'infusion de rose jusqu'à formation d'une mousse.
Appliquer sur le visage. Laisser agir 30 mn.
Rincer avec de l'eau tiède.
Lotionner avec l'infusion de rose.

5. 1/4 concombre.
Blanc d'œuf.
Eplucher le concombre. Râper.
Battre le blanc. Ajouter 1 c. à s. de blanc à la purée de concombre.
Appliquer sur le visage. Laisser agir 15-20 mn.
Rincer avec de l'eau froide.
Adoucit et rafraîchit la peau.
Recommandé pour peau flétrie grasse.

6. 1/2 courgette.
1 c. à s. de flocons d'avoine moulus au moulin à café.
Lait.
Eplucher la courgette. Râper. Ajouter les flocons d'avoine.

Appliquer sur le visage et le cou. Laisser agir 20 mn.
Essuyer avec le coton imprégné de lait.

7. 2-3 fraises mûres.
1 c. à s. de crème fraîche.
Ecraser les fraises. Mélanger avec la crème fraîche.
Appliquer sur le visage. Laisser agir 15 mn.
Rincer avec de l'eau tiède.
Rafraîchit et blanchit la peau.
Recommandé pour peau flétrie flasque et sèche.

8. 2 pêches.
1 c. à c. de jus de citron.
1 c. à c. d'olive.
Réduire les pêches en purée. Ajouter le reste des ingrédients.
Appliquer sur le visage. Laisser agir 10-15 mn.
Rincer avec de l’eau tiède.

Crèmes

Tout type de peau

1. 5 g de poudre d'aloès (ou 40 ml de jus d'aloès).

20 ml d'eau de rose (ou d'infusion de rose cf. Lotions Peau sèche n° 12).

1 c. à c. de miel.

100 g de lard frais.

Faire dissoudre doucement la poudre d'aloès dans 40 ml d'eau distillée (si on utilise le jus, le prendre pur).

Ajouter l'eau de rose et le miel. Mettre au bain-marie. Ajouter petit à petit le lard en faisant attention à ce que le mélange ne chauffe pas trop.

Mettre la crème dans un petit pot. Conserver au réfrigérateur.

Appliquer une fois par jour sur le visage et le cou en mince couche.

Cette crème, appelée crème de Cléopâtre, rend la peau infiniment douce et veloutée.

2. 2 c. à s. de groseille.

2 c. à s. de moelle des os.

1 jaune d'œuf.

1 c. à c. de miel.

1 c. à c. d'huile.

1 c. à s. d'alcool de camphre.

Faire fondre la moelle des os au bain-marie.

Bien travailler la groseille avec la moelle, le jaune, le miel et l'huile. Tout en continuant de travailler, ajouter goutte à goutte l'alcool de camphre.

Excellente crème vitaminée. Rend la peau douce et veloutée.

Exerce également une action blanchissante.

Peau normale

1. 1/2 verre de jus de fraise.
1 1/2 c. à c. de lanoline. (b cacao ?)
1 1/2 c. à c. de farine d'avoine réduite en poudre (ou de flocons d'avoine réduits en poudre).

Faire fondre au bain-marie la lanoline. Ajouter la poudre d'avoine. Verser petit à petit le jus, en remuant constamment jusqu'à ce que se forme une masse bien homogène.

Cette crème nourrit et hydrate la peau.

2. 1 c. à s. de beurre.
1 jaune d'œuf.
1 c. à c. de miel.
1 c. à s. de chair de prune réduite en purée.

Bien travailler tous les ingrédients pour obtenir une masse homogène.

Appliquer sur le visage et le cou. Laisser agir 20-30 mn. Enlever le surplus avec une serviette en papier.

Très bonne crème pour nourrir la peau en profondeur.

3. 1 c. à s. de chair de kaki.
1 c. à s. de beurre.
1 jaune d'œuf.
1 c. à c. de miel.

Bien travailler la chair de kaki avec le beurre, le jaune et le miel.

Appliquer sur le visage et le cou. Laisser agir 20-30 mn. Enlever le surplus avec une serviette en papier.

Nourrit la peau.

Peau sèche

1. 2 c. à s. de chair de coing.
2-3 c. à s. de moelle des os.
1 jaune.
1 c. à c. de miel.
1 c. à c. d'huile.
1 c. à s. d'alcool de camphre.

Bien travailler la chair des coings, la moelle, le jaune, le miel et l'huile. Tout en continuant de travailler ces ingrédients, ajouter goutte à goutte l'alcool de camphre.

Excellente crème pour une peau flétrie.

2. 50 g de beurre ou de margarine.
2-3 c. à c. d'huile.
2 jaunes.
2 c. à c. de miel.
1 c. à c. de glycérine.
1 c. à s. de camomille.
30 ml d'alcool de camphre.

Recouvrir la camomille avec 1/2 verre d'eau bouillante.

Laisser infuser 1 h. Filtrer.

Mélanger 1/2 verre de cette infusion avec le miel et la glycérine.

Faire fondre au bain-marie le beurre avec l'huile. Ajouter les jaunes. Bien travailler. Tout en remuant, verser le mélange miel-glycérinc-infusion de camomille. Ajouter l'alcool de camphre.

Continuer à remuer jusqu'à ce que le mélange soit froid.
Mettre dans un petit pot en verre. Bien fermer.
Conserver au frais.

N.B. Cette crème peut être aussi utilisée comme masque pour une peau ridée. Laisser agir 20 mn.

3. 2 c. à s. de chair de kaki.
2-3 c. à s. de moelle des os.
1 jaune d'œuf.
1 c. à c. de miel.
1 c. à c. d'huile.
1 c. à s. d'alcool de camphre.

Faire fondre la moelle des os au bain-marie.

Bien travailler la chair de kaki avec la moelle, le jaune, le miel et l'huile. Tout en continuant de travailler, ajouter goutte à goutte l'alcool de camphre.

Recommandé pour peau fatiguée, manquant d'éclat et de tonus.

Peau flétrie

1. 1 c. à s. d'huile de lin.
3 jaunes d'œuf.
1 verre de crème.
2 citrons.
1 c. à s. de miel.
3/4 de verre d'alcool de camphre.

Bien travailler les jaunes avec l'huile de lin. Ajouter la crème.

Presser les citrons. Couper le zeste. Recouvrir les zestes avec de l'eau bouillante. Couvrir. Laisser infuser 1-2 h. Filtrer.

Mélanger l'infusion obtenue avec le jus de citron.

Ajouter le miel.

Ajouter, en remuant constamment, au mélange jaunes-huile-crème l'infusion de citron. Verser lentement l'alcool de camphre.

Verser le tout dans une bouteille. Ajouter de l'eau pour que le volume total soit de 0,5 l.

Conserver dans un endroit frais, à l'abri de la lumière.

Bien secouer avant emploi.

Cette crème liquide est un excellent stimulant employé pour une peau qui commence à flétrir et également pour prévenir l'apparition des rides.

2. 1 c. à s. de jus d'oignon.

1 c. à s. de miel.

1 c. à s. de cire.

1 c. à s. de jus de lilas (obtenu en passant le lilas dans une centrifugeuse ou un hache-viande).

Bien mélanger tous les ingrédients. Faire chauffer au bain-marie dans un récipient en argile jusqu'à ce que tous les ingrédients soient fondus. Laisser refroidir.

Appliquer le soir sur le visage et le cou.

Durée d'une cure : 1-2 mois.

Recommandé pour prévenir l'apparition des rides.

Rides

Tout type de peau

1. 1-2 c. à s. de tilleul.

Recouvrir le tilleul avec 1 verre d'eau bouillante. Laisser infuser 10-15 mn. Filtrer.

Utiliser matin et soir pour nettoyer et lotionner la peau.

Adoucit et purifie la peau, calme l'irritation.

Recommandé pour peaux grasses.

2. 1 c. à s. de tilleul.

1 c. à s. de feuilles vertes du framboisier.

Recouvrir le tilleul et les feuilles de framboise avec 1 1/2 verre d'eau bouillante. Laisser infuser 10-15 mn. Filtrer.

Verser dans le bac à glaçons. Congeler.

Utiliser ces glaçons pour lotionner régulièrement la peau.

3. Souci.

Alcool.

Recouvrir le souci avec l'alcool dans les proportions 1 : 5. Laisser macérer à l'abri de la lumière 30-40 jours. Filtrer.

Délayer de moitié avec de l'eau.

Utiliser le matin pour nettoyer et lotionner la peau.

4. 1 botte de persil.

Hacher le persil. Recouvrir avec 2 verres d'eau froide. Laisser infuser 12 h. Filtrer.

Utiliser matin et soir pour nettoyer et lotionner la peau.

5. 1 c. à s. de sauge.

1 c. à s. de tilleul.

Recouvrir les plantes avec 1,5-2 verres d'eau bouillante. Laisser infuser 2 h. Filtrer.

Utiliser pour lotionner la peau.

Compresses

1. 1 c. à s. de camomille.

Recouvrir la camomille avec 2 verres d'eau bouillante. Faire cuire à feu doux 5-10 mn. Filtrer.

Imprégner une petite serviette pliée en quatre. Essorer. Appliquer sur le visage. Quand la compresse commencera à refroidir, recommencer.

Rincer le visage avec de l'eau froide. Appliquer une crème grasse.

2. 1 verre de vin rouge.

1 c. à c. d'alcool salicylique.

3 c. à s. de camomille.

Mélanger le vin avec l'alcool et la camomille.

Laisser macérer à l'abri de la lumière 5 jours. Filtrer.

Imprégner une compresse de gaze. Appliquer sur le visage. Laisser agir 5 mn.

A faire 1 fois par jour pendant 10 jours.

Recommandé pour les peaux grasses.

N.B. On peut utiliser le reste de la teinture comme lotion pour la toilette quotidienne.

1. 2 c. à c. de thé

Recouvrir le thé avec 1/2 verre d'eau bouillante.

Laisser infuser 30-40 mn. Filtrer.

Réchauffer l'infusion sans la faire bouillir :

• pour la peau sèche : infusion chaude ;

• pour la peau normale ou grasse : infusion de température ambiante.

Imprégner une couche de coton ou une compresse de gaze.

Appliquer sur le visage. Recouvrir avec une serviette en éponge.

Durée d'une compresse :

• pour la peau sèche : 15-20 mn ;

• pour la peau normale ou grasse : 20-30 mn.

A faire 1-2 fois par semaine. Une cure comprend 15-20 compresses.

Bains de vapeur

1. 1 c. à s. d'absinthe.

Couper menu l'absinthe. Mettre dans un récipient en émail. Recouvrir avec 1 l d'eau bouillante (4 verres).

• pour les peaux sèches : appliquer une crème.

Couvrir la tête avec une serviette et garder le visage au-dessus de la vapeur.

Durée d'un bain de vapeur :

• pour les peaux sèches : 2-3 mn au-dessus d'une vapeur pas trop chaude ;

• pour les peaux normales : 5 mn à la vapeur chaude ;

• pour les peaux grasses ou très sales : 8-10 mn à la vapeur chaude.

Badigeonner ensuite la peau avec une lotion rafraîchissante ou avec un lait de toilette.

Favorise la circulation sanguine de la peau, la tonifie et rafraîchit.

Masques

1. 1 coing.
1 blanc d'œuf.

Eplucher le coing. Râper. Battre le blanc en neige. Mélanger avec le coing.

Appliquer sur le visage. Laisser agir 20 mn.

Rincer avec de l'eau froide.

2. 1 banane bien mûre.
Crème.
Fécule de pomme de terre.

Ecraser la banane à la fourchette. Ajouter la crème en remuant la fécule de pomme de terre pour obtenir un mélange ayant la consistance de la crème fraîche.

Appliquer une crème grasse sur les paupières.

Appliquer le mélange préparé en couche fine sur le visage. Quand la première couche est sèche, appliquer une seconde, surtout aux endroits où il y a beaucoup de rides. Recouvrir le visage avec une gaze ou une mince couche de coton. Laisser agir 30-40 mn.

Enlever à l'aide d'un coton trempé dans de l'eau.

A faire tous les deux jours.

Une cure comprend 10 applications. Peut être répétée au bout de 1-2 mois.

Recommandé pour peaux sèches.

3. 1/4 de verre de jus de raisin.
1/4 de verre de lait cru.

Mélanger le jus de raisin et le lait.

Imprégner une couche de coton. Appliquer sur le visage. Recouvrir avec une serviette éponge. Laisser agir 15-20 mn.

Sécher légèrement la peau. Appliquer une crème.

4. 3-4 fraises.
1 c. à c. d'une crème grasse ou de crème fraîche.
1 c. à c. de miel.
Ecraser les fraises. Mélanger avec la crème. Ajouter le miel.
Appliquer sur le visage préalablement nettoyé.
Laisser agir 20 mn.
Enlever à l'aide d'un coton trempé dans de l'eau.
Recommandé pour peaux sèches ayant tendance à peler.
Nourrit et lisse la peau.

5. Chair d'1/2 courgette.
1 jaune d'œuf.
Râper la courgette. Extraire le jus. Travailler 1 c. à s. de ce jus avec le jaune.
Appliquer sur le visage.
Laisser agir 15-20 mn.
Enlever avec un coton trempé dans de l'eau tiède, puis froide.

6. Chair d'1/2 courgette.
1 c. à s. de flocons d'avoine.
Lait.
Moudre les flocons d'avoine ou les faire gonfler dans de l'eau. Râper la courgette. Mélanger 1 c. à s. de flocons avec la courgette.
Appliquer sur le visage et le cou. Laisser agir 20 mn.
Enlever avec un coton trempé dans du lait.

7. 1 c. à s. de miel.
1 jaune d'œuf.
1 c. à s. d'huile.

1/2 verre de décoction de camomille.

1 c. à c. de jus de citron.

Un peu de fécule de pomme de terre.

Mélanger le jaune avec le miel et l'huile. Ajouter la décoction de camomille et le jus de citron. Mélanger. Ajouter la fécule de pomme de terre pour épaissir.

Appliquer sur le visage. Laisser agir 15-20 mn.

Rincer avec de l'eau tiède.

Excellent pour peau très sèche avec de petites rides et ridules.

8. 1 blanc d'œuf.

1 c. à c. de jus de citron.

Battre le blanc en neige. Mélanger avec le jus de citron.

Appliquer sur le visage. Laisser agir 15-20 mn.

Rincer avec de l'eau tiède, puis froide.

Tonifie, assainit et blanchit la peau. Resserre les pores, efface les rides.

Recommandé pour peau grasse, poreuse, éventuellement avec des taches de pigmentaton.

9. 1 blanc d'œuf.

1 c. à c. de lait.

1 c. à c. de miel.

1 c. à c. de jus de citron.

Un peu de farine d'avoine (ou de flocons d'avoine moulus).

Battre le blanc en neige. Ajouter le lait, le miel, le jus de citron. Mélanger. Ajouter l'avoine pour épaissir.

Appliquer sur le visage. Laisser agir 15-20 mn.

Rincer avec de l'eau tiède à laquelle on aura mélangé l'infusion de camomille.

Resserre les pores, blanchit et lisse la peau, fait disparaître les signes de fatigue.

Recommandé pour peau grasse.

10. 1 carotte.

1 c. à c. de miel.

Râper la carotte. Mélanger avec le miel.

Appliquer sur le visage et le cou. Laisser agir 20 mn.

Essuyer avec un coton trempé dans de l'eau froide.

Rend la peau élastique, stimule la régénération des cellules, purifie le teint, lisse les rides.

Recommandé surtout pour peaux sèches.

11. 1 carotte.

1 pomme.

Râper la carotte et la pomme. Mélanger les 2 purées obtenues dans des proportions égales.

Appliquer sur le visage. Laisser agir 20 mn.

Rincer avec de l'eau tiède, puis froide.

A faire tous les jours ou tous les deux jours. Une cure comprend 20 applications.

Masque vitaminé "bonne mine", nourrit et lisse la peau. Fait disparaître d'éventuels points noirs.

12. 1-2 carottes.

1 blanc d'œuf.

1 c. à c. d'huile d'olive.

Un peu de fécule de pomme de terre.

Râper les carottes. Mélanger avec le blanc et l'huile. Ajouter la fécule pour épaissir.

Appliquer sur le visage et le cou. Laisser agir :

- pour les peaux sèches : 30 mn ;
- pour les peaux grasses : 15 mn.

Rincer avec de l'eau tiède, puis froide.

Excellent contre les petites rides et ridules.

13. 1 jaune d'œuf.

1 c. à c. de jus de concombre.

Travailler le jaune. Ajouter le jus de concombre.

Appliquer sur le visage.

Laisser agir 15-20 mn..

Rincer avec de l'eau tiède, puis froide.

Nourrit et hydrate la peau

Recommandé pour peaux sèches et normales.

14. 2 pêches bien mûres.

1 c. à c. de jus de citron.

1 c. à c. d'huile d'olive.

Peler les pêches. Réduire en purée à l'aide d'une fourchette. Ajouter le jus de citron et l'huile d'olive.

Appliquer sur le visage. Laisser agir 20 mn.

15. 30-40 g de persil

1 c. à s. de miel.

1 jaune d 'œuf.

Recouvrir le persil avec 1 verre d'eau bouillante. Faire bouillir à feu doux 15 mn. Filtrer. Mélanger avec le miel et le jaune.

Appliquer sur le visage. Laisser agir 15-20 mn.

Rincer avec de l'eau tiède, puis froide.

Rafraîchit et purifie la peau.

16. 1/4 de jaune d'œuf dur.

1 c. à c. de miel.

2 c. à c. d'huile d'olive.

Un peu d'eau de rose.

Mélanger le jaune, le miel et l'huile d'olive. Ajouter l'eau de rose.

Appliquer sur le visage. Laisser agir 1 h 1/2-2 h.

Rincer avec de l'eau tiède, puis froide.

Crèmes

1. 1 c. à s. d'huile de lin.
3 jaunes d'œuf.
1 verre de crème.
2 citrons.
1 c. à s. de miel.
3/4 de verre d'alcool de camphre.

Bien travailler les jaunes avec l'huile de lin. Ajouter la crème.

Presser les citrons. Couper le zeste. Recouvrir les zestes avec de l'eau bouillante. Couvrir. Laisser infuser 1-2 h. Filtrer.

Mélanger l'infusion obtenue avec le jus de citron. Ajouter le miel.

Ajouter, en remuant constamment, au mélange jaunes-huile-crème l'infusion de citron. Verser lentement l'alcool de camphre.

Verser le tout dans une bouteille. Ajouter de l'eau pour que le volume total soit de 0,5 l (2 verres).

Conserver dans un endroit frais, à l'abri de la lumière.

Bien secouer avant emploi.

Cette crème liquide est un excellent stimulant employé pour une peau qui commence à flétrir et également pour prévenir l'apparition des rides.

2. Huile d'amande.

Faire pénétrer par légers tapotements l'huile d'amande sur le contour des yeux.

Laisser agir 30 mn.

Tamponner doucement avec un mouchoir en papier pour enlever l'excès de gras.

A faire tous les soirs avant de se coucher.

Efficace contre les pattes d'oie.

Prévention des rides

1. 1 c. à s. de jus d'aloès.
2 c. à s. de miel.
Faire chauffer le miel. Mélanger avec le jus d'aloès.
Appliquer sur le visage. Laisser agir 10-15 mn.
Rincer avec de l'eau froide.
Masque "bonne mine".

2. Un petit pot de lanoline ou de vaseline.
Jus d'aloès.

Ajouter un peu de jus d'aloès à la vaseline ou à la lanoline. Bien mélanger. Jeter le surplus de liquide.

Utiliser comme une crème.

Recommandé pour les peaux sèches.

3. 1 c. à s. de farine de riz (ou de riz passé au moulin à café).
1 c. à s. de yaourt.
2 c. à s. de jus de pamplemousse.
Mélanger tous les ingrédients.
Appliquer sur le visage et le cou. Laisser agir 30 mn.
Rincer avec de l'eau tiède, puis froide.

4. 1 c. à s. de jus d'oignon.
1 c. à s. de miel.
1 c. à s. de cire.

1 c. à s. de jus de lilas (obtenu en passant le lilas dans une centrifugeuse ou un hache-viande).

Bien mélanger tous les ingrédients. Faire chauffer au bain-marie, dans un récipient en argile en quantités égales, l'infusion de lilas, le miel et la farine de moutarde jusqu'à ce que tous les ingrédients soient fondus. Laisser refroidir.

Appliquer le soir sur le visage et le cou.

Durée d'une cure : 1-2 mois.

5. 2 carottes.

Quelques gouttes de jus de citron.

1 jaune d'œuf.

1 c. à c. d'huile.

Râper les carottes. Ajouter les autres ingrédients. Bien mélanger.

Appliquer sur le visage. Laisser agir 20-25 mn.

Rincer avec de l'eau tiède.

6. 50 g de persil.

Recouvrir le persil avec 2 verres d'eau bouillante.

Faire bouillir 15 mn. Filtrer. Laisser refroidir.

Verser dans le bac à glace.

Utiliser matin et soir pour lotionner la peau.

Cou

1. Jus d'une orange.

100 g de crème.

1/4 c. à s. d'alcool à 40°.

Jaune d'œuf.

Mélanger le jaune avec la crème. Ajouter l'alcool et le jus d'orange. Utiliser matin ou soir pour nettoyer et lotionner la peau du cou.

Appliquer une crème grasse ou de l'huile tiède.

Prévient le vieillissement de la peau, retarde l'apparition des rides, raffermit.

Se conserve au réfrigérateur.

2. 2 c. à s. de fromage blanc à 40 % de matières grasses.

Jus d'1/2 orange.

1 c. à c. d'huile.

Mélanger tous les ingrédients.

Mettre sur une bande de gaze de double épaisseur. Entourer le cou avec. Laisser agir 15-20 mn.

Rincer avec de l'eau tiède.

A faire 2 fois par semaine.

Recommandé pour peau montrant les premiers signes du vieillissement.

3. 3 c. à s. de purée de pommes de terre.

1 c. à s. d'huile ou 1 œuf battu.

Mélanger la purée et l'huile.
Appliquer sur le cou. Recouvrir avec une serviette en coton.
Laisser agir 20 mn.
Rincer avec de l'eau tiède.
Raffermit et lisse la peau. Excellent contre les rides.

4. 2 pommes de terre cuites en robe de chambre.
1 jaune d'œuf.
1 c. à c. de miel.
1 c. à c. de glycérine.
Infusion de tilleul.
Facultatif : 1 c. à c. d'huile.
1 c. à c. de jus de citron.

Eplucher les pommes de terre. Ecraser à la fourchette. Ajouter le jaune, le miel et la glycérine (facultatif : l'huile et le jus de citron).

Entourer le cou avec une serviette tiède humide. Laisser agir 15 mn. Enlever.

Mettre le mélange sur une bande de gaze. Entourer le cou avec. Recouvrir avec du papier sulfurisé ou du polyéthylène. Bander avec une serviette éponge. Laisser agir 15-20 mn.

Rincer avec de l'eau tiède. Appliquer une crème grasse Laisser agir 30-40 mn. Rincer avec l'infusion de tilleul.

5. 1 blanc d'œuf.
1 c. à s. d'huile.
1 c. à s. de jus de citron.
Battre le blanc en neige. Ajouter l'huile et le jus de citron.
Appliquer sur le cou à l'aide d'un coton. Ne pas rincer.
A faire tous les soirs avant de se coucher.
Recommandé pour peau flétrie, ridée, fanée.

6. Pelures de concombre.
Appliquer les pelures de concombre tout autour du cou.

Recouvrir avec une serviette en coton. Laisser agir 10 mn.
Rafraîchit et lisse la peau.

7. 1 jaune d'œuf.
1 c. à c. de miel.
2 c. à c. d'huile.
1 c. à c. d'infusion de camomille.
15 ml d'alcool de camphre.
15 ml de vaseline ou de lanoline.
Bien mélanger tous les ingrédients.
Appliquer sur le cou après une compresse chaude.
Laisser agir 15-20 mn.

Les yeux

1. 1 c. à c. de bleuet.

Recouvrir le bleuet avec 1 verre d'eau bouillante. Laisser infuser Filtrer.

Lotionner les paupières avec cette infusion après s'être démaquillée.

Préserve les paupières de l'irritation.

2. 1 c. à s. de bleuet.

1/2 verre d'huile.

Infusion de bleuet.

Recouvrir le bleuet avec l'huile. Laisser macérer à l'abri de la lumière 5 jours. Filtrer.

Imprégner un coton avec l'huile de bleuet. Appliquer sur les paupières. Laisser agir 15-20 mn.

Lotionner les paupières avec un coton trempé dans l'infusion de bleuet.

Recommandé pour l'inflammation des paupières.

3. 1 pomme de terre.

1 c. à c. de farine.

2 c. à c. de lait.

Eplucher la pomme de terre. Râper. Mélanger 1 c. à s. de pomme de terre avec les autres ingrédients.

Etaler sur une serviette en tissu épais. Appliquer sur les yeux. Laisser agir 10-15 mn.

Rincer avec de l'eau assez fraîche ou avec une infusion de bleuet ou de camomille.

Excellent contre le gonflement des paupières et les poches sous les yeux.

4. • *Pour la peau grasse ou normale* : 1 c. à s. de teinture "maison" ou de teinture de souci achetée en pharmacie.

• *Pour la peau sèche* : lait ou huile (de préférence d'olive).

1 pomme de terre cuite en robe de chambre.

1 c. à c. de crème fraîche ou d'huile d'olive.

Infusion de thé ou de camomille.

• *Pour la peau grasse* : lotionner le visage avec la teinture de souci "maison" ou avec la teinture de souci achetée en pharmacie délayée à moitié avec de l'eau.

• *Pour la peau sèche* : lotionner le visage avec le lait délayé à moitié avec de l'eau ou avec l'huile.

Eplucher la pomme de terre. Ecraser à la fourchette. Ajouter la crème fraîche.

Appliquer le mélange sur les paupières inférieures et sur les coins externes des yeux où se situent généralement les rides, ainsi qu'autour de la bouche.

Tremper deux cotons dans l'infusion refroidie de thé ou de camomille. Appliquer sur les yeux.

Laisser agir 20 mn.

Rincer le masque de pomme de terre avec de l'eau froide. Appliquer une crème sur les paupières inférieures.

Ce soin est excellent quand la peau du visage présente des signes de fatigue, dès qu'apparaissent des petites rides et ridules ; les paupières sont rouges et des poches se forment sous les yeux.

5. 1 c. à s. de tilleul.

1 c. à s. de camomille.

Recouvrir les plantes avec 1 verre d'eau bouillante. Laisser infuser jusqu'à température ambiante. Filtrer à travers une gaze.

Tremper deux cotons. Appliquer sur les yeux.

Laisser agir 10 mn.

Permet de préserver l'éclat des yeux, enlève fards et mascaras.

6. 1 c. à s. de menthe.

Recouvrir la menthe avec 1 verre d'eau bouillante. Faire cuire à feu doux 5-10 mn. Laisser refroidir jusqu'à température ambiante. Filtrer.

Contre le gonflement des paupières et les poches sous les yeux : imprégner deux cotons et appliquer sur les paupières. Laisser agir 10 mn.

Contre l'inflammation ou l'irritation des yeux : imprégner deux cotons et appliquer sur les yeux. Laisser agir 1-2 mn. Répéter 3-4 fois de suite.

Très efficace si les paupières ont tendance à gonfler et à s'enflammer ou à s'irriter à la suite d'insomnies.

7. 1 c. à s. de camomille.

Recouvrir la camomille avec 1verre d'eau bouillante. Laisser infuser 15-20 mn. Filtrer.

Tremper deux cotons ou deux compresses de gaze.

Appliquer sur les paupières. Laisser agir quelques secondes. Recommencer plusieurs fois.

Au bout de 30-40 mn le gonflement des paupières et les poches sous les yeux disparaîtront.

8. Camomille.

Mettre la camomille dans de petits sachets en tissu doux. Plonger ces sachets dans un récipient rempli d'eau bouillante. Laisser infuser 5-10 mn.

Appliquer, tant qu'ils sont encore chauds (mais surtout pas brûlants) sur les yeux. Laisser agir 3-5 mn.

Recommandé pour soulager les yeux fortement enflammés ou irrités et les paupières gonflées. Prévient également l'apparition précoce des rides autour des yeux.

9. 1 fenouil.

Recouvrir le fenouil avec de l'eau bouillante.

Faire cuire 30 mn. Filtrer.

Tremper deux cotons. Appliquer sur les paupières fermées (le coton doit recouvrir tout l'espace allant des sourcils jusqu'à l'os sous les yeux). Laisser agir 1-2 mn. Répéter 3-4 fois. Appliquer à la fin une compresse froide.

Sécher. Appliquer une crème grasse.

Excellent pour soulager les yeux enflammés.

10. Jus de persil.

Tremper deux cotons dans le jus de persil. Appliquer sur les paupières. Laisser agir 10 mn.

Excellent pour reposer les yeux, surtout après une lecture prolongée, l'ordinateur ou un environnement enfumé.

11. Une petite botte de persil.

Couper le persil. Mettre dans des petits sachets en tissu doux et souple. Mettre ces sachets dans de l'eau bouillante. Laisser infuser 15 mn. Sortir les sachets et laisser le liquide s'écouler.

Appliquer sur les paupières fermées. Laisser agir 3-4 mn. Appliquer ensuite un coton trempé dans de l'eau froide.

Soulage les troubles de fatigue et d'irritation liés à un manque de sommeil.

12. 2 c. à c. de crème fraîche.

1 c. à c. de persil.

Hacher menu le persil. Mélanger avec la crème fraîche.

Appliquer sur les paupières. Laisser agir 20-30 mn.

Rincer avec de l'eau froide.

Recommandé pour gonflement des paupières, poches sous les yeux.

13. 1 c. à c. de thé.

Recouvrir le thé avec 1/4 de verre d'eau bouillante. Laisser infuser 30-40 mn. Filtrer. Laisser refroidir.

Tremper deux cotons. Appliquer sur les paupières fermées. Laisser agir 10 mn.

N.B. On peut également laisser agir 1-2 mn en renouvelant l'application 3-4 fois.

Terminer par une compresse d'eau froide. Appliquer une crème nourrissante.

Excellent pour les yeux enflammés et fatigués, contre le gonflement des paupières, les cernes et les poches sous les yeux.

14. 2 sachets de thé

Ebouillanter les sachets de thé. Mettre dans le compartiment à glaçons du réfrigérateur. Laisser quelques minutes.

Appliquer sur les yeux. Laisser agir 10 mn.

Recommandé pour poches sous les yeux.

Orgelet

1. 1 c. à s. de bleuet.

Recouvrir le bleuet avec 1 verre d'eau bouillante.

Laisser infuser 20 mn. Filtrer. Laisser légèrement refroidir.

Imprégner un coton. Appliquer sur l'orgelet.

Laisser agir 15-20 mn.

2. 1 c. à s. de graines de lin.

Recouvrir les graines de lin avec 1 verre d'eau bouillante. Faire cuire jusqu'à obtention d'une sorte de purée.

Imprégner une compresse de gaze. Appliquer chaude sur l'orgelet. Laisser agir 20-30 mn.

Recommandé pour soigner l'orgelet naissant.

Mains

Peau sèche, rugueuse, qui se desquame

1. 5 pommes de terre.
5 c. à s. de lait.
Facultatif : 1/2 l de lait.

Faire cuire les pommes de terre en robe de chambre. Eplucher. Travailler avec le lait.

Appliquer sur les mains. Laisser agir 10 mn. Faire un massage énergique.

Laver les mains avec de l'eau froide. Appliquer une crème.

Ou : Plonger les mains dans le mélange pommes de terre-lait. Laisser agir jusqu'à ce que le mélange soit froid.

Rincer avec de l'eau tiède, puis froide ou avec du lait. Appliquer une crème grasse.

Recommandé pour peau rugueuse, grenue, sèche.

Autres indications : peau tannée ou desséchée par le vent.

2. Jus d'un citron.
1 blanc d'œuf.

Mélanger le jus de citron et le blanc.

Faire pénétrer en massant dans la peau des mains.

Recommandé pour : peau rugueuse

3. 1 c. à s. de jus de citron.
1 c. à s. de lait de toilette.
1 c. à s. d'eau de Cologne.
Bien mélanger tous les ingrédients.

Faire pénétrer en massant dans la peau des mains. Mettre des gants en tissu léger. (genre gants d'été).

A faire tous les jours avant le coucher jusqu'à obtention du résultat désiré.

Recommandé pour adoucir la peau des mains.

4. 200 g de céleri.
1 c. à s. de flocons d'avoine.
1 c. à s. d'huile.
Recouvrir le céleri avec 1 l d'eau. Faire cuire 30 mn.

Recouvrir les flocons d'avoine avec 1 verre d'eau bouillante. Faire cuire 7 mn.

Mélanger l'eau de cuisson du céleri et l'eau de cuisson des flocons d'avoine. Ajouter l'huile. Utiliser pour faire des bains de mains. Durée du bain : 10 mn.

Recommandé pour peau rugueuse, qui se desquame.

Peau rougie

1. 2 pommes de terre.
250 g de céleri.
2 c. à s. d'huile.
Recouvrir le céleri avec 1 l d'eau (4 verres).
Faire cuire 30 mn. Filtrer.

Eplucher les pommes de terre. Recouvrir avec de l'eau. Faire cuire. Filtrer.

Mélanger l'eau de cuisson du céleri et l'eau de cuisson des pommes de terre. Ajouter l'huile.

Utiliser pour faire des bains de mains.
Durée du bain : 15 mn.
Recommandé pour peau rougie, grenue et qui se desquame.

2. 1 c. à s. de fécule.
Délayer la fécule avec 1 l d'eau tiède.
Utiliser pour faire des bains de mains.
Durée du bain : 5-10 mn.
Bien sécher. Appliquer une crème ou de la vaseline.
A faire avant le coucher tous les jours ou tous les deux jours jusqu'à obtention de l'effet désiré.
Adoucit la peau.
Recommandé pour peau rougie, rugueuse, tannée par le vent.

3. 1 c. à s. de tilleul
Recouvrir le tilleul avec 1 l d'eau bouillante (4 verres). Laisser infuser 2-3 h. Filtrer. Faire chauffer jusqu'à 40°-42°.
Utliser pour faire des bains de mains.
Durée du bain : 10-15 mn.
Bien sécher. Appliquer une crème grasse.
Adoucit et calme la peau.
Autres indications : peau gercée, tannée par le vent.

Peau gercée, tannée par le vent

1. 2 pommes de terre.
2 c. à c. de jus de concombre ou de citron.
Faire cuire les pommes de terre en robe de chambre. Eplucher. Travailler avec le jus de concombre ou de citron.
Appliquer sur les mains en couche épaisse. Recouvrir avec une gaze. Laisser agir 15-20 mn.
Rincer avec de l'eau tiède.

Appliquer une crème grasse.
Recommandé pour peau tannée, desséchée par le vent.

2. 2 pommes de terre.
1 c. à s. de lait.
Un peu de farine.
Eplucher les pommes de terre. Faire cuire. Travailler avec le lait. Ajouter la farine de façon à obtenir une pâte épaisse.
Appliquer sur les mains. Laisser agir 10 mn.
Laver avec de l'eau tiède.
Bien sécher . Appliquer une crème nutritive.
Adoucit et lisse la peau.
Recommandé pour peau irritée et gercée.

3. Une rondelle de concombre.
2 c. à c. de glycérine.
2 c. à c. de jus de citron.
Mélanger la glycérine et le jus de citron.
Lotionner la peau des mains avec la rondelle de concombre.
Faire pénétrer en massant dans la peau des mains le mélange glycérine-citron
Autres indications : peau sèche, rugueuse.

Peau ridée

1. 1 jaune d'œuf.
1 c. à s. de miel.
1 c. à c. de farine d'avoine.
Mélanger tous les ingrédients.
Faire pénétrer en massant dans la peau des mains. Mettre des gants en tissu léger (genre gants d'été).
A faire tous les jours avant le coucher.

Hydrater

1. Jus de raisin.

Utiliser le jus de raisin pour lotionner régulièrement la peau des mains.

Appliquer ensuite une crème grasse ou de l'huile d'olive.

Recommandé pour hydrater et tonifier la peau des mains.

Pour blanchir

1. Zeste de pamplemousse.

Utiliser le zeste de pamplemousse pour masser la peau des mains pendant 10 mn.

A faire chaque jour.

2. 2 pommes de terre.

1 c. à s. de lait.

1 c. à s. de citron.

Eplucher les pommes de terre. Faire cuire. Travailler avec le lait. Ajouter le jus de citron.

Apliquer sur les mains. Laisser agir 20 mn.

Rincer avec de l'eau tiède.

3. 2 c. à s. de fécule.

2 c. à s. de glycérine.

Mélanger les ingrédients.

Appliquer sur les mains en massant des bouts des doigts vers les poignets.

A faire chaque soir avant le coucher.

4. Jus de citron.

Faire pénétrer en massant dans la peau des mains le jus de citron.

Appliquer une crème grasse.
A faire après des travaux ménagers.
Recommandé pour adoucir et blanchir la peau. Enlève les taches incrustées des fruits et légumes.

5. 1/2 verre de jus de citron.
Délayer le jus de citron avec 1 l d'eau tiède.
Laver les mains avec du savon.
Faire des bains de mains avec le mélange eau-citron.
Recommandé pour blanchir et désinfecter la peau des mains après des travaux ménagers ou de jardinage.

6. 1 rondelle de citron ou le zeste d'un citron.
Utiliser la rondelle ou le zeste de citron côté intérieur pour masser les mains pendant quelques minutes.
Recommandé pour adoucir et blanchir la peau des mains salie par le nettoyage et l'épluchage des fruits et légumes.

7. 1 gros morceau de rhubarbe.
Couper la rhubarbe en deux dans le sens de la longueur.
Utiliser pour lotionner les mains pendant quelques minutes.
Laver les mains avec de l'eau tiède.
Recommandé pour blanchir la peau des mains salies par l'épluchage et le nettoyage des fruits et des légumes.

8. 1 c. à s. de jus de tomate.
3-4 gouttes d'eau oxygénée.
Utiliser pour lotionner les mains pendant quelques minutes.
Recommandé pour blanchir et nettoyer la peau des mains très sales et noircies.

9. Pelures de pommes.
Frotter énergiquement la peau des mains avec les pelures de pommes.

Recommandé pour nettoyer et blanchir la peau des mains salies et noircies par des travaux ménagers.

Travaux ménagers

1. Une poignée de groseilles ou de cassis.
Ecraser les groseilles ou le cassis.
Lotionner la peau des mains avec la purée obtenue.
Appliquer une crème grasse.
A faire après la lessive ou la vaisselle.

2. Vinaigre de pomme.
Utiliser le vinaigre de pomme pour lotionner la peau des mains.
Recommandé pour soigner les mains abîmées par des produits alcalins.

3. Jus d'un citron.
1 c. à s. de glycérine.
Mélanger le jus de citron avec la glycérine.
Faire pénétrer en massant dans la peau des mains.
A faire après la lessive ou la vaisselle.

4. Jus de citron.
Glycérine.
Laver les mains avec de l'eau et du savon
Faire pénétrer en massant dans la peau des mains le jus de citron.
Laisser sécher.
Faire pénétrer ensuite la glycérine.
Recommandé pour soigner les mains abîmées par des produits chimiques.

Crèmes

1. 1-2 pommes de terre.
1 c. à s. de lait.
1 c. à c. d'alcool à 45°.

Eplucher les pommes de terre. Faire cuire. Travailler avec le lait. Ajouter l'alcool.

Faire pénétrer dans la peau des mains en massant.

Laisser agir 30 mn.

Rincer avec de l'eau tiède.

2. 1 jaune d'œuf.
1 c. à s. d'huile de lin.
1 c. à s. de miel.
1 c. à s. de jus de citron.
2 pommes de terre.

Eplucher les pommes de terre. Faire cuire. Filtrer.

Mélanger tous les autres ingrédients.

Laver les mains avec l'eau de cuisson des pommes de terre. Faire pénétrer la crème obtenue. Mettre des gants en tissu fin (genre gants d'été). Laisser agir 2-3 h.

Tamponner avec une serviette en papier ou rincer avec de l'eau tiède.

3. Pétales d'une rose.
1 c. à s. de saindoux.

Broyer les pétales de la rose. Mélanger avec le saindoux.

Recommandé pour peau gercée, peau sèche.

4. 1 c. à s. de camomille.
50 g de beurre.
1 c. à c. de miel.

Recouvrir la camomille avec 1 verre d'eau bouillante.

Laisser infuser 8-9 h. Filtrer.

Travailler le beurre avec le miel. Ajouter 1 c. à s. de camomille. Bien mélanger.

Rend les mains douces, veloutées et lisses.

Les coudes

1. 1 c. à s. de jus d'orange ou de citron.

1 c. à s. d'huile.

Mélanger le jus d'orange avec l'huile.

Lotionner les coudes avec le mélange.

Recommandé pour adoucir la peau rugueuse des coudes.

2. Jus de citron.

Laver les coudes avec de l'eau tiède et du savon. Bien sécher.

Appliquer une crème.

Lotionner avec le jus de citron pendant quelques minutes. Laisser agir 10-15 mn.

Rincer avec de l'eau froide.

Recommandé pour blanchir la peau sèche des coudes.

3. 1 tomate bien mûre.

Eplucher la tomate. Réduire en purée.

Mettre sur une compresse de gaze. Appliquer sur les coudes. Fixer avec une bande. Laisser agir 20-30 mn.

Rincer avec de l'eau froide. Gratter doucement avec une pierre ponce. Rincer à nouveau. Appliquer une crème.

Recommandé pour peau rugueuse des coudes.

Divers problèmes

1. 1 c. à s. d'ortie

Recouvrir l'ortie avec 1 l d'eau bouillante.

Laisser infuser 30 mn. Filtrer.
Utiliser pour faire des bains de mains.
Durée du bain : 10-15 mn.
Bien sécher. Appliquer une crème.
Recommandé pour tonifier les mains.

Lotions de soin quotidien

1. 1 c. à s. d'infusion de pétales de roses ou d'eau de rose achetée dans le commerce.

1 c. à s. de glycérine.
10 gouttes d'ammoniaque diluée.
Mélanger tous les ingrédients.
Faire pénétrer en massant dans la peau des mains.
A faire après chaque lavage de mains (ou à défaut le plus souvent possible).

2. 40 g de glycérine.

30 ml d'infusion de rose ou d'eau de rose achetée dans le commerce.

5 ml d'alcool à 95°.
5 ml d'eau oxygénée.
Bien mélanger tous les ingrédients.
Faire pénétrer en massant dans la peau des mains.
A faire matin et soir.

Les pieds

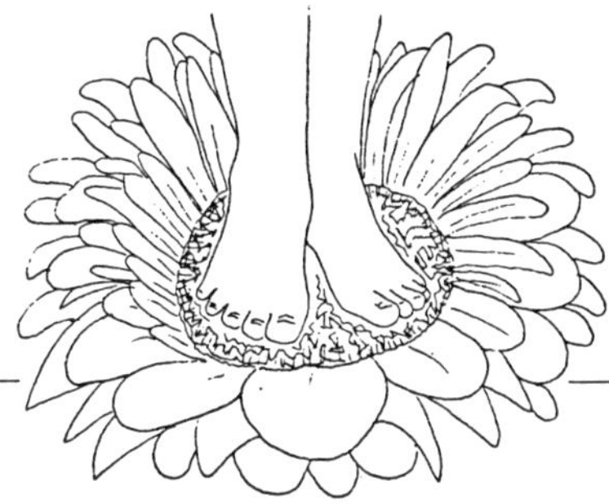

Gerçures, usure

1. 1/2 verre d'épluchures de pommes de terre.

1/2 verre de graines de lin.

Teinture d'iode à 2 %.

Mélanger les épluchures de pommes de terre et les graines de lin. Recouvrir avec 2 verres d'eau. Faire cuire jusqu'à obtention d'une purée épaisse.

Plonger les pieds dans cette purée. Laisser agir 15-20 mn.

Rincer avec de l'eau tiède.

Bien sécher.

Badigeonner les gerçures avec la teinture d'iode.

Appliquer une crème.

Autres indications : cors, peau rugueuse.

2. 2 c. à s. d'ortie.

Recouvrir l'ortie avec 1 l d'eau bouillante (4 verres). Laisser infuser 30 mn. Filtrer. Réchauffer légèrement.

Utiliser pour faire des bains de pieds.

Durée du bain : 10-15 mn.

Bien essuyer.

Appliquer une crème grasse ou du beurre.

Procéder à un massage énergique.

3. 1 c. à s. de souci.

Recouvrir le souci avec 1 l d'eau bouillante (4 verres).

Laisser infuser 30 mn. Réchauffer jusqu'à une température de 36°.

Utiliser pour faire des bains de pieds.

Durée du bain : 15-20 mn.

Autres indications : transpiration des pieds.

4. 1 c. à s. de camomille.

Recouvrir la camomille avec 0,5-1 l d'eau. Faire bouillir à feu doux 10 mn. Filtrer. Laisser légèrement refroidir.

Utiliser pour faire des bains de pieds.

Durée du bain : 20 mn.

Bien sécher. Appliquer une crème. Bander sans serrer avec de la gaze. Laisser agir la nuit.

A faire tous les jours.

5. 1 pomme.

1/2 verre de lait.

Couper la pomme en petits dés. Faire cuire dans le lait de façon à obtenir une sorte de purée.

Appliquer cette purée sur les gerçures. Faire tenir avec une bande de gaze. Laisser agir 30 mn.

Peau rugueuse

1. Un citron.

Presser le citron.

Utiliser l'épluchure qui reste pour faire des compresses (côté intérieur) sur les talons. Faire tenir avec une bande.

Laisser agir 30 mn.

2. 1 oignon.

Râper l'oignon.

Appliquer la purée obtenue sur les endroits rugueux. Fixer avec du sparadrap. Laisser agir 20 mn.

Gratter doucement avec une pierre.

Rincer avec de l'eau tiède.

Lotionner avec de l'huile de tournesol ou d'olive.

Egalement valable pour les genoux.

3. 1 tomate bien mûre.

Eplucher la tomate. Réduire en purée.

Mettre la purée de tomate sur une compresse de gaze. Appliquer sur les parties rugueuses. Faire tenir avec une bande de gaze. Laisser agir 20 mn.

Fatigue

1. 2 c. à s. de graines de lin.

Recouvrir les graines de lin avec 1 l d'eau bouillante. Laisser infuser 30 mn. Réchauffer légèrement.

Utiliser pour faire des bains de pieds.

Durée du bain : 10-15 mn.

On peut également faire des bains chauds et froids en alternance : réchauffer l'infusion de lin jusqu'à une température de 40°-42°.

Alterner bain chaud de graines de lin et bain d'eau froide.

Durée de chaque bain : 2-3 mn. A répéter 5-6 fois de suite.

Autres indications : améliore la circulation, purifie la peau.

2. 4 c. à s. de menthe.

4 c. à s. de tilleul.

Mélanger la menthe et le tilleul.

Recouvrir avec 3 l d'eau bouillante. Laisser infuser 30 mn. Filtrer. Réchauffer légèrement. Utiliser pour faire des bains de pieds.

Soulage les pieds après une longue marche, une station débout prolongée ou un travail physique.

3. 2 c. à s. de camomille.

Recouvrir la camomille avec 1 l d'eau bouillante (4 verres).

Laisser infuser 20 mn. Filtrer. Réchauffer jusqu'à une température de 36°-37°.

Utiliser pour faire des bains de pieds.

Durée du bain : 15-20 mn.

Autres indications : purifie la peau, améliore la circulation.

4. 2 c. à s. de prêle.

Recouvrir la prêle avec 1 l d'eau bouillante (4 verres). Laisser infuser 20-30 mn. Filtrer. Réchauffer jusqu'à une température de 38°.

Utiliser pour faire des bains de pieds.

Durée du bain : 15-20 mn.

Champignons

1. Jus d'un oignon.

Lotionner les champignons avec le jus d'oignon.

Laisser sécher à l'air libre.

Autres indications : verrues.

2. Jus de tomate.

Utiliser le jus de tomate pour badigeonner les champignons entre les doigts de pieds.

A faire 2-3 fois par jour.

Ongles

Cassants

1. 1/2 verre d'huile.
5 gouttes de jus de citron.
Faire légèrement chauffer l'huile. Ajouter le jus de citron.
Utiliser pour faire des bains d'ongles.

N.B. On peut augmenter les proportions des ingrédients et utiliser le mélange pour faire des bains de mains.

Après le bain éviter de mouiller les mains pendant quelques heures.

A faire tous les jours pendant une semaine. Ensuite 1-2 fois par semaine.

Recommandé pour les ongles fragiles et cassants. Rend les mains douces et lisses.

2. Une rondelle de citron.
Utiliser la rondelle pour lotionner les ongles.
A faire tous les jours pendant 7-10 jours.
Recommandé pour renforcer, blanchir et rendre brillants les ongles.

3. Jus d'un demi citron.
Délayer le jus de citron avec 1 verre d'eau tiède.
Tremper les ongles pendant quelques minutes.
Recommandé pour ramollir les cuticules lors de la manucure.

4. Jus de groseilles ou de cassis.

Faire pénétrer en massant le jus de groseilles ou de cassis dans les ongles et leur contour.

Recommandé pour renforcer et rendre brillants les ongles.

5. 1/2 verre de vinaigre de pommes.

1/2 verre d'huile.

Mélanger le vinaigre et l'huile.

Utiliser pour faire des bains d'ongles.

Durée du bain : 10 mn.

Recommandé pour ongles cassants.

Abîmés

1. Vinaigre de pommes.

Utiliser le vinaigre de pommes pour lotionner pendant quelques minutes les ongles.

Recommandé pour les ongles abîmés par le contact avec des produits chimiques (essentiellement alcalins).

Incarnés

1. 6 c. à s. de camomille.

Teinture d'iode.

Recouvrir la camomille avec 2 l d'eau bouillante. Laisser infuser 1 h. Filtrer. Réchauffer jusqu'à une température de 40°.

Utiliser pour faire des bains de pieds.

Durée du bain : 15 mn.

Sécher en tamponnant avec une serviette éponge.

Détacher doucement de la chair la partie incarnée de l'ongle.

Mettre un coton imprégné d'iode.

A faire dès l'apparition de l'ongle incarné.

Cheveux et cuir chevelu

Cheveux secs

1. 1 poignée d'ortie.
1/2 verre d'huile.

Recouvrir l'ortie avec l'huile. Laisser macérer pendant 1 semaine dans un récipient en verre fermé. Filtrer. Faire chauffer.

Répartir sur l'ensemble de la chevelure. Laisser agir 1 h. Procéder au shampooing habituel.

A faire 1 fois par semaine.

2. 1 c. à c. de jus de citron.
2 c. à s. d'huile.

Faire chauffer l'huile au bain-marie à 40°-45°. Mélanger le jus de citron et l'huile.

Faire pénétrer ce mélange par massages dans le cuir chevelu et répartir sur l'ensemble de la chevelure.

Recouvrir la tête avec un paquet en polyéthylène et par dessus avec une serviette éponge. Laisser agir 1-2 h. Faire ensuite un shampooing.

A faire 1-2 fois par semaine.

Très efficace aussi si les cheveux secs sont en plus cassants.

3. 1 c. à s. de jus d'oignon.
2 c. à s. d'alcool à 45°.

1 c. à s. d'huile de ricin.

Mélanger l'alcool, l'huile de ricin et le jus d'oignon.

Faire pénétrer la lotion par massages dans le cuir chevelu. Laisser agir 1 h.

Procéder au shampooing habituel.

A faire à la fréquence des shampooings pendant 3-4 mois.

Cette cure est recommandée pour des cheveux secs avec pellicules.

4. Huile d'amande.

1 œuf.

Infusion de thé, de camomille ou de tilleul.

Lotionner les cheveux avec l'huile d'amande. Envelopper dans une serviette éponge trempée dans de l'eau chaude et essorée. Laisser agir 1 h.

Procéder au shampooing habituel. Lotionner avec l'œuf légèrement battu.

Rincer avec une des infusions.

Ce soin est à faire avant chaque shampooing.

Recommandé pour cheveux secs et cassants.

5. Huile d'amande.

Huile de ricin.

1 œuf.

Infusion de thé, de camomille ou de tilleul.

Mélanger l'huile d'amande et l'huile de ricin dans les proportions 3 : 1.

Mettre un peu de mélange dans la paume de la main et faire pénétrer par légers massages dans le cuir chevelu et sur l'ensemble de la chevelure.

Recouvrir la tête avec une serviette éponge trempée dans de l'eau chaude et essorée. Laisser agir 1 h. Lotionner avec l'œuf légèrement battu.

Procéder au shampooing habituel. Rincer avec une des infusions.

6. Une poignée de camomille.
1/2 verre d'huile.

Recouvrir la camomille avec l'huile. Laisser macérer à l'abri de la lumière 1 semaine dans un bocal en verre bien fermé. Filtrer.

Faire chauffer le mélange. Appliquer sur les cheveux. Laisser agir au moins une heure.

Procéder à un shampooing.

Cheveux gras

1. 1 c. à c. de jus de citron.
1/4 verre d'alcool à 45°.
10 ml d'alcool boriqué à 3°.
Mélanger tous les ingrédients.
Lotionner quotidiennement le cuir chevelu.
Très efficace contre les cheveux très gras.

2. Jus de citron.

Lotionner avec le jus de citron l'ensemble de la chevelure et le cuir chevelu entre les shampooings.

Ce soin assainit bien les cheveux, calme les démangeaisons et crée un environnement acide qui empêche le développement et la propagation des microbes fréquents en cas de cheveux gras.

3. 2 c. à s. de jus de citron.
1/2 verre d'alcool à 45°.
Mélanger le jus de citron avec l'alcool.

A l'aide d'un coton lotionner le cuir chevelu raie par raie.

A faire tous les deux jours.

4. Jus de citron.

Jus de carotte.

Mélanger le jus de citron et le jus de carotte dans les proportions 2 : 1.

Lotionner le cuir chevelu avec le mélange. Recouvrir la tête avec une serviette éponge. Laisser agir 1-2 h.

Procéder au shampooing habituel. Rincer les cheveux avec de l'eau mélangée avec le jus de citron (1 c. à s. de jus de citron pour 1,5-2 l d'eau).

N.B. On peut remplacer le jus de citron de l'après-shampooing par du vinaigre.

Recommandé surtout en cas de cuir chevelu gras et de cheveux très gras.

5. 2 c. à s. de tilleul.

1 c. à s. de vinaigre ou de jus de citron.

1/4 de verre de teinture de souci ou d'eucalyptus, ou d'alcool de camphre.

Recouvrir le tilleul avec 0,5 l d'eau bouillante. Faire bouillir 2-3 mn à feu doux. Laisser refroidir. Filtrer.

Ajouter le vinaigre, la teinture ou l'alcool.

Lotionner l'ensemble de la chevelure.

6. 25 g de pelure d'oignon.

7-8 clous de girofle broyés.

100 ml d'alcool à 60°.

Pour les cheveux secs - 3 c. à c. d'huile de ricin

Mélanger tous les ingrédients. (Pour les cheveux secs : ajouter l'huile de ricin.) Laisser macérer à l'abri de la lumière 14 jours. Filtrer.

Faire pénétrer la lotion par massages dans les racines.

A faire pendant 1-2 mois.

Autres indications : pellicules, chute des cheveux.

7. Jus de concombre.

Alcool à 20° ou eau de Cologne.

Mélanger le jus de concombre avec l'alcool dans des proportions égales. Faire pénétrer la lotion par massages dans les racines trois fois sur 30 mn.

Rincer avec de l'eau tiède.

A faire tous les jours pendant un mois.

Pellicules

1. 4-5 c. à s. de feuilles fraîches finement coupées (ou 2-3 c. à s. de feuilles séchées) d'ortie.

0,5 l de vinaigre.

Recouvrir l'ortie avec le vinaigre et 2 verres d'eau bouillante. Faire cuire 30 mn.

Laisser refroidir. Filtrer.

Faire pénétrer la lotion par massages dans le cuir chevelu chaque soir pendant plusieurs semaines.

On peut l'utiliser également comme shampooing. Dans ce cas, il faut prendre 2-3 c. à s. de décoction pour une petite bassine d'eau. Laver les cheveux sans shampooing avant de se coucher. Sécher les cheveux avec une serviette éponge préchauffée et recouvrir la tête avec un foulard.

La lotion et le shampooing sont très efficaces aussi en cas de cheveux gras, pour renforcer les cheveux en cas de chute et pour stimuler leur croissance.

Les cheveux retrouvent un aspect sain, deviennent plus élastiques et brillants.

2. 3 c. à s. d'ortie.

Recouvrir l'ortie avec 1 l d'eau bouillante (4 verres).

Laisser infuser 1 h. Filtrer.

Faire pénétrer la lotion par massages dans les racines.

Surtout recommandé pour de graves problèmes de pellicules et en cas de cheveux se salissant rapidement.

Autres indications : stimule la croissance et stoppe la chute des cheveux.

3. Feuilles d'ortie (de préférence fraîches).

Alcool à 45°.

Recouvrir les feuilles d'ortie avec de l'alcool dans les proportions 1 : 10. Laisser macérer à l'abri de la lumière. Filtrer.

Faire pénétrer la lotion par massages dans le cuir chevelu.

A faire 1-2 fois par semaine.

Autres indications : chute des cheveux, cheveux gras.

4. Zeste de 4 citrons.

Recouvrir le zeste avec 1 l d'eau. Faire cuire 15 mn. Jeter le zeste.

Rincer les cheveux avec cette décoction 1 fois par semaine.

5. Ail.

Pour les cheveux secs - huile.

Râper l'ail. (Pour les cheveux secs : ajouter la même quantité d'huile.) Faire pénétrer la purée obtenue par massages dans le cuir chevelu. Laisser agir 2 h.

Procéder au shampooing habituel.

A faire 1 fois par semaine pendant 2-3 mois.

N.B. A cause d'une importante quantité d'huile volatile contenue dans l'ail, le cuir chevelu rougit et apparaissent quelques démangeaisons. Ce phénomène n'est en rien alarmant et est au contraire bénéfique.

Autres indications : stimule la croissance des cheveux.

6. 1 c. à s. d'huile de ricin.
1 c. à s. d'infusion de thé.
1 c. à s. d'alcool à 40°.
Mélanger tous les ingrédients.
Lotionner les cheveux avec le mélange obtenu.
Laisser agir 2-3 h.
Procéder à un shampooing.
A faire 2-3 fois par semaine jusqu'à la disparition des pellicules.

Chute de cheveux, calvitie

1. 1 c. à s. de miel.
1 c. à s. de jus d'aloès.
1 c. à c. de jus d'ail.
2 jaunes d'œuf.

Mélanger le jus d'aloès, le miel et le jus d'ail. (On peut préparer une grande quantité en avance et la conserver au réfrigérateur.) Avant emploi, ajouter à 1 c. à s. du mélange un jaune d'œuf.

Appliquer raie par raie. Recouvrir la tête avec un foulard et mettre par-dessus un paquet en polyéthylène. Laisser agir 20 mn.

Bien laver les cheveux. Faire pénétrer dans le cuir chevelu le deuxième jaune d'œuf. Rincer avec de l'eau et en dernier lieu avec une décoction de camomille, d'ortie ou de prêle.

A faire 5 fois de suite.

Recommandé surtout en cas de chute importante de cheveux.

2. 1 c. à s. de fleurs de bleuets émiettées.
1 verre de vinaigre à 6°.

Recouvrir le bleuet avec 1 verre d'eau bouillante et le vinaigre. Laisser infuser 1 h. Filtrer.

Faire pénétrer la lotion par massages dans les parties dégarnies du cuir chevelu pendant 10 jours.

3. 8 c. à s. de tilleul.
Recouvrir le tilleul avec 0,5 l d'eau bouillante.
Faire bouillir 20 mn. Filtrer.
Laver les cheveux avec cette décoction.
On peut également l'utiliser comme après-shampooing.

4. Oignon.
Miel.
Râper l'oignon. Mélanger l'oignon avec le miel dans les proportions 4 : 1.
Faire pénétrer le mélange par massages dans les racines.
Laisser agir 40 mn.
Rincer avec de l'eau tiède sans savon ni shampooing.

5. Un oignon.
Râper l'oignon pour obtenir une purée.
Faire pénétrer cette purée par massages dans le cuir chevelu aux endroits dégarnis jusqu'à ce que la peau devienne rouge.
A faire tous les jours ou tous les deux jours en alternance avec l'ail.

6. Ail.
Râper l'ail.
Faire pénétrer la lotion par massages dans le cuir chevelu aux endroits dégarnis.
Laisser agir 2 h.
Faire un shampooing.
A faire tous les jours pendant 7-10 jours.
Répéter la cure 2-3 fois avec un intervalle de 10 jours.
Si au bout de 2 mois il n'y a pas de résultats visibles, arrêter le traitement.

7. Amandes.
Lait.
Ecraser ou broyer les amandes pour obtenir une sorte de purée. Mélanger avec un peu de lait sans trop liquéfier.
Faire pénétrer le mélange par massages dans le cuir chevelu.
Stimule la croissance des cheveux.

8. 1 tomate.
Eplucher la tomate. Écraser la chair.
Faire pénétrer par massages dans les racines.
Remède utilisé en Inde pour stimuler la croissance des cheveux.

9. 1 raifort.
Râper le raifort pour obtenir une sorte de purée.
Faire pénétrer cette purée par massages dans les endroits dégarnis ou ceux où les cheveux tombent le plus.
Laisser agir 30 mn.
Rincer avec de l'eau.
Très efficace en cas de chute importante de cheveux.

10. 1 c. à c. de thé.
Recouvrir le thé avec 1/4 de verre d'eau bouillante. Laisser infuser 30 mn. Filtrer.
Faire pénétrer l'infusion par massages dans le cuir chevelu.
Recommandé en cas de chute de cheveux importante. Stimule également la croissance des cheveux.

Cheveux mous, cassants

1. Jus de chou.
Jus de citron.

Jus d'épinard.

Mélanger les trois jus dans des proportions égales.

Faire pénétrer la lotion par massages dans le cuir chevelu.

Très bonne cure vitaminée pour les cheveux fins et écaillés.

2. 1 c. à c. d'huile de bardane.

2 c. à c. de jus de citron.

1 c. à c. d'huile de ricin.

Mélanger tous les ingrédients.

Faire pénétrer quotidiennement la lotion par massages dans le cuir chevelu.

Recommandé pour cheveux fragilisés à la suite de fréquentes colorations ou décolorations.

3. 1 radis noir.

Eplucher le radis. Râper. Extraire le jus à travers une gaze.

Faire pénétrer ce jus par massages dans le cuir chevelu.

Rend les cheveux plus vigoureux.

4. Ail.

• *Pour les cheveux secs* : huile ou jaune d'œuf.

• *Pour les cheveux gras* : jaune d'œuf et miel.

Râper l'ail. Extraire le jus.

Mélanger tous les ingrédients pris dans les proportions égales.

• *Pour les cheveux secs* : avec l'huile ou le jaune.

• *Pour les cheveux gras* : avec le jaune et le miel.

Laisser agir 1-2 h.

Procéder à un shampooing.

A faire 2 fois par semaine pendant 2-3 mois.

Rend les cheveux doux, souples, soyeux, brillants.

Autres indications : pellicules, calvitie.

Shampooings

1. Fécule de pomme de terre ou farine d'avoine (ou flocons d'avoine broyés).

Saupoudrer les cheveux avec la fécule de pomme de terre. Masser légèrement pour bien répartir. Laisser agir 5-10 mn.

Essuyer avec une serviette sèche. Peigner soigneusement, puis brosser dans tous les sens pour bien faire disparaître le reste de la fécule.

Ce shampooing sec permet d'espacer les lavages ou de se laver les cheveux rapidement tout en leur redonnant leur aspect gonflant, léger et soyeux.

2. 1 jaune d'œuf.

1 c. à s. de jus de citron.

1 c. à s. d'huile.

Mélanger le jaune, l'huile, le jus de citron et 1/2 verre d'eau tiède.

Recommandé pour cheveux secs, cassants et fourchus.

3. 2 c. à s. racines de bardane.

Recouvrir la bardane avec 0,5 l d'eau.

Faire bouillir 10-15 mn. Filtrer.

Laver les cheveux avec cette décoction 2-3 fois par semaine au début. Quand ils auront retrouvé leur équilibre, seulement 1 fois en entretien.

Recommandé en cas de chute de cheveux, de pellicules et de séborrhée.

4. Absinthe.

Alcool à 45°.

Recouvrir l'absinthe avec l'alcool dans les proportions 1 : 10.

Laisser macérer à l'abri de la lumière 10 jours. Filtrer.

Laver les cheveux avec cette teinture tous les deux jours.

Une cure comprend 15 shampooings. Peut être répétée au bout de 2-3 semaines.

Recommandé en cas de pellicules grasses.

5. Camomille.

Recouvrir la camomille avec de l'eau bouillante dans les proportions 1 : 10. Laisser infuser 30 mn.

Laver les cheveux avec cette infusion.

A faire 2-3 fois par semaine.

Une cure comprend 12-15 shampooings.

Après-shampooings

1. 1 citron.

Presser le citron. Recouvrir le zeste avec 1 1/2 verre d'eau froide. Laisser infuser 24 h.

Rincer les cheveux après le shampooing.

Régularise entre autres l'excès de sébum.

2. 1 c. à s. de jus de citron.

Mélanger le jus de citron avec 1 l d'eau.

Rincer les cheveux après le shampooing.

Rend les cheveux brillants et soyeux.

3. 2 c. à s. de menthe.

Recouvrir la menthe avec 1 verre d'eau bouillante.

Laisser infuser 30 mn. Filtrer.

Rincer les cheveux avec cette infusion.

Recommandé pour cheveux secs colorés.

4. 50 g de persil frais.

Recouvrir le persil avec 0,5 l d'eau bouillante. Faire bouillir 15 mn. Filtrer. Laisser refroidir.

Rincer les cheveux avec cette décoction.

Rend les cheveux brillants et souples.

5. 2 c. à s. de camomille.

Recouvrir la camomille avec 3-4 verres d'eau bouillante. Faire cuire à feux doux 5-10 mn.

Filtrer. Ajouter à l'après-shampooing.

Bien essorer les cheveux.

Laisser sécher à l'air libre.

Rend les cheveux souples et doux.

Recommandé pour cheveux clairs.

Mise en plis

1. Jus de citron ou jus d'orange.

Lotionner les cheveux avec le jus de citron, ou du jus d'orange délayé avec un peu d'eau avant de mettre les rouleaux.

Si les cheveux sont longs ou si la mise des bigoudis nécessite un temps assez long, il est conseillé de lotionner chaque mèche séparément pour que les cheveux soient bien imprégnés de jus de citron au moment de les enrouler.

"Permanente douce", fait tenir une mise en plis plus longtemps. Facilite le coiffage.

2. 1 c. à c. de graines de lin.

Recouvrir les graines de lin avec 30 ml d'eau bouillante.

Laisser infuser 15 mn en secouant souvent.

ou :

Recouvrir les graines de lin avec 1-1/2 verre d'eau bouillante.

Faire bouillir 2-3 h à feu doux en remuant souvent.

Filtrer à travers un tissu fin et clair.

Lotionner les cheveux avec la décoction ou l'infusion avant de mettre les rouleaux.

Si les cheveux sont longs ou si la mise des bigoudis nécessite un temps assez long, il est conseillé de lotionner chaque mèche séparément pour que les cheveux soient bien imprégnés de jus de citron au moment de les enrouler.

"Permanente douce", fait tenir une mise en plis plus longtemps.

Coloration

1. 50 g de feuilles d'ortie.

50 g de racine d'ortie.

0,5 l de vinaigre.

Recouvrir les feuilles et les racines d'ortie avec le vinaigre et 0,5 l d'eau bouillante. Faire cuire 30 mn. Filtrer.

Faire pénétrer la lotion par massages dans le cuir chevelu chaque soir pendant plusieurs semaines.

Il est recommandé de boire pendant la cure 1 c. à s. de décoction d'ortie matin et soir avant le repas pendant 2 semaines.

Une telle cure complète lutte efficacement contre le grisonnement précoce des cheveux et permet de freiner celui-ci.

2. 1 c. à s. de camomille.

1 c. à s. de rhizome d'ortie.

Extrait de camomille.

Infusion de camomille.

Recouvrir les plantes avec 1 l d'eau. Faire bouillir 20 mn. Laisser refroidir. Filtrer.

Rincer les cheveux avec la décoction. Envelopper la tête avec une serviette éponge. Laisser 15-20 mn.

Sécher les cheveux. Lotionner l'ensemble de la chevelure avec de l'extrait de camomille mélangé à de l'eau dans les proportions 1 : 1. Laisser agir 1 h. Rincer à nouveau avec une infusion de camomille.

Répété régulièrement, ce soin permet d'éclaircir les cheveux et de leur donner un joli reflet blond doré.

3. Une poignée de pelure d'oignon.

Recouvrir la pelure d'oignon avec 1 verre d'eau bouillante. Laisser infuser ou faire cuire 15-20 mn. Laisser refroidir. Filtrer.

Rincer les cheveux avec cette infusion ou cette décoction après chaque shampooing.

Donne aux cheveux un joli reflet doré.

4. 1/2 verre de pelure d'oignon.

2 c. à c. de glycérine.

Recouvrir la pelure d'oignon avec 1 verre d'eau bouillante. Faire bouillir 20 mn. Filtrer. Ajouter la glycérine.

Bien faire pénétrer ce mélange dans les cheveux en malaxant chaque mèche.

A faire tous les jours pendant environ 2-3 semaines (jusqu'à obtention de teinte désirée).

Teint les cheveux en châtain doré.

5. Pelure verte ou devenue foncée des noix.

Beurre ou huile.

Recouvrir la pelure avec de l'eau bouillante. Faire bouillir 3-4 h jusqu'à obtention d'un liquide brun foncé. Filtrer. Faire bouillir pour qu'elle s'évapore jusqu'à la consistance d'un extrait épais.

Ajouter le double de quantité de beurre.

Enduire les cheveux avec cette crème. Laisser agir entre 2 et 5 h selon la teinte souhaitée.

Rincer avec de l'eau. Faire un shampooing.

Teint les cheveux en châtain ou en brun (selon la durée de la pose).

6. Ecale verte des noix fraîches.

Broyer ou concasser l'écale. Délayer avec de l'eau pour obtenir une sorte de purée.

Appliquer sur les cheveux en insistant sur les racines. Laisser agir 15-20 mn.

Rincer avec de l'eau.

Donne un reflet châtain.

7. 3 c. à s. de feuilles du noisetier.

Recouvrir les feuilles avec 2 l d'eau. Porter à ébullition. Filtrer.

Rincer les cheveux avec cette décoction.

Utilisée en après-shampooing d'une façon régulière cette décoction donne un joli reflet châtain aux cheveux foncés.

8. 20-30 g de racines séchées de rhubarbe.

Recouvrir la rhubarbe avec 1 verre d'eau froide. Faire bouillir 15-20 mn en remuant constamment. Laisser un peu refroidir.

A l'aide d'une brosse à dents ou d'un coton, bien imprégner les cheveux préalablement lavés et séchés avec la décoction obtenue. Recouvrir la tête avec du polyéthylène et par-dessus avec une serviette éponge. Laisser agir 1-2 h.

Procéder à un shampooing ou rincer à l'eau tiède.

N.B. Pour rendre la teinture moins liquide, on peut ajouter à l'infusion à peine tiède un peu de farine ou de fécule. Dans ce cas, n'utiliser en aucun cas de l'eau chaude, autrement la fécule va cuire.

Teint les cheveux en blond clair ou doré selon la couleur de base.

Si on veut teindre des cheveux gris ou blancs, il faut faire cette application plusieurs jours de suite.

Pour donner aux cheveux un reflet blond ou doré, il faut juste les rincer régulièrement avec cette décoction après les avoir lavés et séchés.

9. 150 g de racines séchées de rhubarbe.

0,5 l de vin blanc.

1/2 c. à c. de bicarbonate de soude.

Recouvrir la rhubarbe avec du vin blanc. Faire bouillir jusqu'à ce que le liquide soit évaporé de moitié. Ajouter le bicarbonate de soude.

Laver les cheveux avec cette teinture.

Fait régulièrement, teint les cheveux en blond avec un reflet auburn.

10. 200 g de camomille.

100 g de henné.

400 ml d'alcool à 45°.

Recouvrir la camomille avec l'alcool. Laisser macérer à l'abri de la lumière 1 semaine.

Recouvrir le henné avec 300 ml d'eau chaude. Laisser infuser 1,5-2 h.

Verser l'infusion de henné dans la teinture non filtrée de camomille.

Laisser macérer à l'abri de la lumière 1,5-2 semaines. Filtrer.

Imprégner les cheveux avec la teinture obtenue. Laisser agir 30-40 mn.

Procéder à un shampooing.

Eclaircit les cheveux.

11. • *Pour les cheveux clairs* - 100 g de camomille.

• *Pour les cheveux foncés* - 150-200 g de camomille.

Recouvrir la camomille avec 0,5 l d'eau bouillante.

Faire bouillir 5-10 mn. Laisser infuser 1 h.
Imprégner les cheveux avec cette teinture.
Laisser agir 30-40 mn.
Eclaircit les cheveux.

12. 100 g de camomille.
50 ml d'eau oxygénée à 30 %.
Recouvrir la camomille avec 0,3 l d'eau bouillante. Bien mélanger. Laisser infuser 1/2 - 1 h. Ajouter l'eau oxygénée.
Imprégner les cheveux. Laisser agir 30-40 mn.
Procéder à un shampooing.
Eclaircit les cheveux foncés.

13. 100 - 150 g de camomille.
60 g de glycérine.
Recouvrir la camomille avec 0,5 l d'eau bouillante. Laisser infuser 1,5 -2 h. Filtrer.
Ajouter la glycérine.
Imprégner les cheveux avec ce mélange. Laisser agir 20 mn.
Rincer avec de l'eau.
Teint les cheveux en blond doré.
N.B. Correctement employée, cette teinture dure environ 1 mois.

14. 2-3 c. à s. de thé.
Recouvrir le thé avec 1 verre d'eau bouillante. Faire bouillir 15-20 mn. Laisser infuser 1 h.
Rincer régulièrement les cheveux avec cette infusion. Donne aux cheveux un joli reflet brun-auburn.

15. 10 g de thé.
50 g de camomille.
40 g de henné.
200 ml d'alcool à 40°.

Porter à ébullition 2 verres d'eau. Verser le thé, la camomille, le henné. Faire bouillir 5 mn. Laisser refroidir. Ajouter l'alcool. Laisser infuser 2-3 jours. Filtrer.

Bien imprégner plusieurs fois de suite les cheveux avec la lotion. Laisser agir 30-40 mn.

Procéder à un shampooing. Utilisée régulièrement, cette infusion éclaircit les cheveux en leur donnant un reflet doré.

16. 1 c. à c. de thé.

Cacao en poudre ou café soluble.

Recouvrir le thé avec 1/4 de verre d'eau bouillante. Faire bouillir 2-3 mn. Filtrer. Mélanger avec la même – ou un petit peu moins – quantité de cacao ou de café.

Faire pénétrer par massages sur l'ensemble de la chevelure.

Cette teinture dure quelques jours et peut être employée s'il faut masquer d'une façon urgente les cheveux blancs ou gris.

17. 2 c. à s. de thé.

Recouvrir le thé avec 1 l d'eau bouillante.

Faire bouillir 5 mn. Filtrer.

Rincer les cheveux après chaque shampooing.

Utilisée régulièrement, cette décoction masque les premiers cheveux blancs des châtains et des bruns.

Cils et sourcils

1. 1/2 c. à c. d'huile de lin.
10-15 gouttes d'huile de ricin.
1-2 gouttes d'huile de camphre.
Mélanger tous les ingrédients.
Lotionner régulièrement les sourcils.
Stimule la pousse des sourcils, les préserve de la décoloration et des effets néfastes du soleil et du vent.

2. Huile d'amande.
Faire chauffer l'huile d'amande. Imprégner quatre cotons avec cette huile.
Appliquer sur les sourcils et les cils. Recouvrir avec du papier sulfurisé ; bander pour faire tenir. Laisser agir 10-15 mn.
Stimule la pousse des cils et des sourcils.

3. Huile de pêche.
Faire chauffer l'huile de pêche. Imprégner deux cotons avec cette huile.
Appliquer sur les sourcils. Recouvrir avec du papier sulfurisé – bander pour faire tenir. Laisser agir 10-15 mn.
Utiliser le reste de l'huile pour lotionner les cils.
Stimule la pousse des cils et des sourcils. Prévient leur chute. Rend les poils des sourcils moins durs.

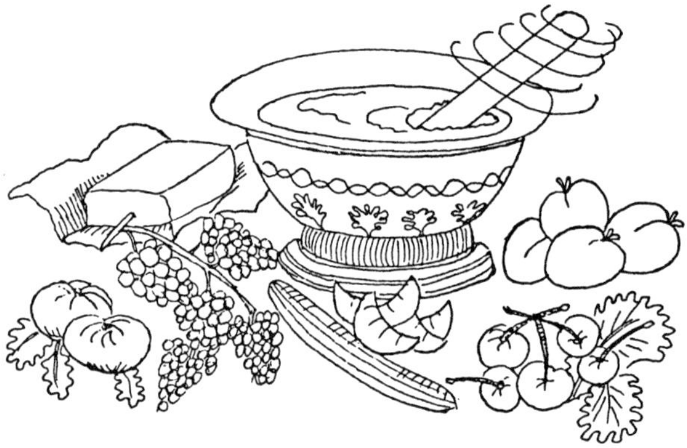

Taches de rousseur et de pigmentation

1. 1 coing bien mûr.

Râper le coing. En extraire le jus à travers une gaze.

Tremper un coton dans ce jus.

Utiliser matin et soir pour lotionner la peau.

Recommandé pour atténuer les taches de rousseur.

2. Chair de pastèque.

Réduire en purée la chair de pastèque.

Lotionner le visage avec de l'huile d'olive. Faire une compresse : délayer 1 c. à c. de bicarbonate de soude dans 1 l d'eau chaude (4 verres). Imprégner une serviette. Appliquer sur le visage. Laisser agir 5-7 mn. (On peut remplacer cette compresse par une compresse d'infusion de camomille tiède.)

Appliquer la chair de pastèque. Laisser agir 10-15 mn.

Rincer avec de l'eau tiède. Appliquer une crème nourrissante.

Recommandé pour peaux sèches déshydratées avec des taches de pigmentation.

3. 1 pamplemousse.

Eplucher le pamplemousse. Couper la chair en morceaux. En extraire le jus. Imprégner un coton. Utiliser matin et soir pour lotionner la peau.

Recommandé pour taches de rousseur et de pigmentation.

4. Fraises bien mûres.

Réduire les fraises en purée.

Appliquer sur le visage. Laisser agir 20-30 mn.

Rincer avec de l'eau tiède ou une infusion de tilleul.

Très efficace contre les taches de rousseur.

5. 1/2 verre de jus de framboises.

Un peu de jus de citron.

Mélanger le jus de framboises et le jus de citron.

Imprégner une fine couche de coton ou une gaze pliée 5-6 fois. Essorer légèrement. Lotionner le visage avec une lotion ou, pour les peaux sèches, avec de la crème fraîche.

Appliquer le masque sur le visage et le cou. Laisser agir 15-20 mn. Quand le masque commence à devenir sec, renouveler l'opération.

Rincer avec de l'eau tiède. Appliquer une crème nutritive.

A faire 2-3 fois par semaine.

Donne un bon teint, rend la peau ferme et veloutée, prévient l'apparition des rides.

Excellent pour atténuer les taches de rousseur et de pigmentation.

6. Huile d'olive ou de maïs.

1 c. à c. de bicarbonate de soude ou 1 l d'infusion de camomille (4 verres).

Feuilles de chou.

Facultatif : crème fraîche, jaune d'œuf ou farine de blé.

Lotionner la peau avec l'huile d'olive.

Faire une compresse : faire dissoudre le bicarbonate de soude dans 1 l d'eau chaude (4 verres). Imprégner une serviette.

Appliquer sur le visage. Laisser agir 10 mn. (On peut remplacer le mélange eau-soude par l'infusion de camomille chaude.)

Hacher au robot les feuilles de chou.

Facultatif : mélanger avec le jaune d'œuf la crème fraîche ou la farine.

Appliquer cette purée sur le visage. Laisser agir 15-20 mn.

A faire 2-3 fois par semaine. Une cure comprend 20 applications.

Excellent pour une peau sèche déshydratée avec des taches de pigmentation.

7. Jus d'un citron.

1/2 verre d'alcool à 45°.

Laver le visage à l'eau chaude avec du savon. Rincer à l'eau froide. Sécher.

Mélanger le jus de citron et l'alcool.

Utiliser le soir pour lotionner la peau.

Blanchit, purifie et rafraîchit la peau.

Recommandé pour peaux grasses avec des taches de rousseur.

8. 1 c. à s. de lait.

15-20 g de levure fraîche de boulanger.

1 c. à c. de jus de citron.

Délayer la levure avec le lait. Ajouter le jus de citron. Bien mélanger.

Appliquer sur le visage. Laisser agir 30 mn.

Excellent pour atténuer les taches de rousseur et de pigmentation.

Autre indication : blanchit la peau.

9. Jus d'un citron.

1 c. à c. d'huile d'olive.

Mélanger le jus de citron et l'huile.

Appliquer sur le visage et faire un masage circulaire jusqu'à ce que la peau devienne rouge. Laisser agir 30-40 mn jusqu'à ce que le masque soit sec.

Rincer avec de l'eau chaude, puis froide.

A faire tous les jours.

Recommandé pour atténuer les taches de rousseur et de pigmentation.

Autres indications : peau montrant les premiers signes de vieillissement, manquant d'élasticité. Dans ce cas laisser agir le masque seulement 20 mn.

10. Jus d'oignon.

Miel liquide.

Vinaigre.

Mélanger la même quantité de miel, de vinaigre et de jus d'oignon. (On peut réduire la quantité de miel de moitié.)

Imprégner une serviette avec le mélange. Appliquer sur le visage. Laisser agir 15 mn.

Rincer avec de l'eau froide.

A faire régulièrement jusqu'à atténuation visible des taches de pigmentation.

Recommandé pour peaux grasses pigmentées.

11. 2-3 carottes.

Râper les carottes. En extraire le jus. (Ou passer à la centrifugeuse.)

Utiliser ce jus pour lotionner le visage matin et soir.

Ce remède est conseillé lorsque les taches de rousseur résistent à tout traitement et ne s'atténuent pas. La peau prend alors une teinte plus foncée et les taches de rousseur sont moins visibles.

12. 1/2 concombre.

Couper le concombre en deux dans le sens longitudinal.

Lotionner le visage. Laisser sécher à l'air libre 5-10 mn.

Rincer avec de l'eau tiède. Efficace pour atténuer les taches des rousseur et de pigmentation.

Autre indication : transpiration excessive en été.

13. 50 g de pelure de concombre.
1 verre d'alcool à 40°.
• *Pour les peaux sèches* : glycérine.

Couper menu la pelure de concombre. Recouvrir avec l'alcool. Laisser macérer jusqu'à ce que le liquide devienne vert. Filtrer.

Utiliser pour lotionner la peau régulièrement.

• *Pour les peaux sèches* : délayer la teinture avec de l'eau et ajouter pour chaque 100 cl 1 c. à s. de glycérine.

Recommandé pour atténuer les taches de rousseur et de pigmentation.

14. 1/4 de concombre.
1 c. à s. de crème nutritive.

Eplucher le concombre. Râper. Mélanger avec 1 c. à s. de crème.

Appliquer sur le visage. Laisser agir 15-20 mn.

Essuyer avec une serviette en papier.

Recommandé pour peaux sèches et normales avec des taches de rousseur ou de pigmentation.

15. 50 g de persil.
0,5 l d'alcool à 40°.
Jus d'un citron.

Recouvrir le persil avec l'alcool. Ajouter le jus de citron. Laisser macérer à l'abri de la lumière 2 semaines. Filtrer.

Lotionner régulièrement la peau.

Recommandé pour atténuer les taches de rousseur et de pigmentation.

Autre indication : blanchit la peau.

16. 30-40 g de persil.
1 c. à s. de miel.
1 jaune d'œuf.

Recouvrir le persil avec 1 verre d'eau bouillante. Faire cuire 20 mn. Laisser refroidir. Filtrer. Mélanger avec les autres ingrédients.

Appliquer sur le visage. Laisser agir 15-20 mn.

Rincer avec de l'eau tiède, puis froide.

Excellent contre les taches de rousseur.

Autre indication : rafraîchit et tonifie tous types de peaux et surtout les peaux sèches, ridées.

17. 1/2 gros radis (noir ou blanc).

Crème nutritive.

Lait.

Couper le radis en fines rondelles.

Appliquer sur le visage la crème en mince couche.

Mettre par-dessus les rondelles de radis. Laisser agir 30 mn.

Essuyer avec un coton trempé dans du lait.

Recommandé pour peaux grasses avec des taches de pigmentation.

18. 1/2 verre de lait.

1/2 verre de jus de groseille.

Imprégner une fine couche de coton. Appliquer sur le visage. Recouvrir avec une serviette humide. Laisser agir 15-20 mn.

Enlever la serviette et le coton. Ne pas rincer mais tamponner légèrement le visage avec une serviette en papier. Appliquer une crème.

Rend le teint plus blanc et lumineux.

Excellent pour faire disparaître les taches de rousseur et de pigmentation.

19. Une petite poignée de groseilles.

1 c. à s. de lait caillé, de petit-lait, de yaourt ou de crème fraîche.

Réduire les groseilles en purée. Mélanger avec l'un des ingrédients choisi.

Appliquer sur le visage. Laisser agir 15-20 mn.

Rincer avec de l'eau tiède, puis froide.

Excellent pour les peaux sèches flétries, défraîchies, avec des taches de pigmentation.

20. Jus de tomate.

Infusion de camomille, de menthe ou de pissenlit.

Faire des compresses alternées (chaudes-froides) avec l'une des infusions. Durée d'une compresse chaude : 2-3 mn ; durée d'une compresse froide : 5 mn.

Imprégner ensuite une compresse avec le jus de tomate. Appliquer sur le visage. Laisser agir 15-20 mn.

Rincer avec de l'eau froide. Appliquer une crème grasse.

Très efficace pour les peaux sèches et déshydratéees avec une pigmentation irrégulière.

21. 1 c. à s. de raifort râpé.

1 c. à s. de jus de citron.

1 c. à s. de crème fraîche.

Mélanger tous les ingrédients.

Appliquer sur le visage. Laisser agir 15-20 mn.

Rincer avec de l'eau froide.

Recommandé pour blanchir les peaux grasses avec des taches de pigmentation ou de rousseur.

Vitiligo

1. 20-30 g de racine de rhubarbe.

Recouvrir la racine de rhubarbe avec 1 verre d'eau froide. Faire bouillir à feu doux 15-20 en remuant constamment.

Imprégner une serviette. Appliquer sur la partie dépigmentée. Laisser agir 10 mn. Recommencer 2 fois.

A faire tous les jours ou tous les deux jours.

N.B. Si au bout de 2 mois on ne constate pas de signe de repigmentation, cesser le traitement.

2. 1 c. à c. de thé.

Recouvrir le thé avec 1/4 de verre d'eau bouillante. Faire bouillir 2-3 mn. Filtrer.

Utiliser pour lotionner les endroits dépigmentés matin et soir.

Se conserve au réfrigérateur 48 h.

Teint progressivement les taches et les masques.

Points noirs, acné et boutons

1. 1 coing bien mûr.
Râper le coing.
Appliquer sur le visage. Laisser agir 15-20 mn.
Rincer avec de l'eau froide.
Recommandé pour éruption de points noirs.
Autre indication : peaux flétries.

2. Jus de fraise.
1/2 verre de fraises bien mûres.
Facultatif : infusion de tilleul.
Ecraser les fraises.
Lotionner la peau avec le jus de fraise.
Appliquer directement sur le visage la purée de fraises. Laisser agir 15-20 mn.
Rincer avec de l'eau tiède ou l'infusion de tilleul.
Recommandé pour peaux grasses avec des pores dilatés et des comédons.

3. 1 c. à s. de framboises.
1 1/2 verre d'alcool à 40°.
Recouvrir les framboises avec l'alcool. Laisser macérer à l'abri de la lumière 1 mois. Filtrer.
Avant emploi délayer de moitié avec de l'eau.
Utiliser matin et soir pour nettoyer et lotionner la peau.

Compresses : imprégner une compresse avec la teinture de framboises. Appliquer sur le visage. Laisser agir 10-15 mn.

Excellent en cas d'éruption de points noirs.

Autre indication : lotion : rafraîchit et tonifie la peau

4. 1/2 verre de jus de chou.

Lotionner le visage avec de la crème, crème fraîche ou une crème grasse.

Imprégner une couche de coton ou une serviette dans le jus. Laisser agir 15-20 mn. Renouveler l'application.

Enlever avec un coton humide, puis sec.

A faire tous les jours en cure de 20-25 applications.

Recommandé pour comédons roses.

Autre indication : peau sèche.

5. 5-6 c. à s. d'ortie.

Recouvrir l'ortie avec 1 l d'eau froide.

Porter à ébullition. Laisser infuser 20 mn. Filtrer.

Utiliser pour rincer la peau. Laisser sécher à l'air libre.

A faire 5-6 fois par jour.

Recommandé en cas d'acné juvénile.

6. 1 c. à s. de jus de citron.

1 c. à s. de glycérine.

Mélanger le jus de citron et la glycérine.

Utiliser le soir pour lotionner la peau.

Recommandé pour points noirs.

7. 1 c. à s. de jus de citron.

1 c. à s. de jus de carottte.

1 c. à s. de jus de concombre.

Mélanger les trois jus.

Utiliser matin et soir pour lotionner la peau.

Excellent contre les boutons purulents.

Autres indications : rafraîchit les peaux grasses ; resserre les pores.

8. 2 c. à s. de talc.
2-3 c. à s. d'alcool.
10-15 gouttes de jus de citron.
Délayer le talc avec l'alcool.
Ajouter le jus de citron.
Appliquer le mélange sur le visage. Laisser agir 10-20 mn.
Rincer avec de l'eau froide.
Recommandé pour grasse avec acné juvénile.

9. Feuilles fraîches du framboisier.
4 c. à s. d'huile.

Hacher les feuilles du framboisier pour obtenir une sorte de purée. Mélanger avec l'huile.

Appliquer sur le visage. Laisser agir 20 mn.

Rincer avec de l'eau tiède.

Recommandé pour points noirs.

10. Huile d'amande.

Verser l'huile dans un flacon. Mettre le flacon dans de l'eau chaude ou faire chauffer au bain-marie jusqu'à 37°.

Imprégner une fine couche de coton avec l'huile tiède.

Appliquer sur le visage en laissant la bouche, les yeux et le nez libres. Mettre par-dessus le coton du papier sulfurisé.

Recouvrir le tout avec une serviette éponge pour garder la chaleur. Laisser agir 30 mn.

Rincer avec de l'eau chaude.

Excellent contre les points noirs.

Autres indications : peau sèche, peau rugueuse et ayant tendance à peler.

11. 1 concombre.

Eplucher le concombre. Râper.

Appliquer directement sur le visage ou d'abord sur une compresse de gaze qu'on mettra sur le visage. Laisser agir 15-20 mn.

Rincer avec de l'eau tiède.

Recommandé pour peau fatiguée, flétrie avec des pores dilatés et des points noirs.

12. Persil.

Blanc d'œuf.

Hacher finement le persil. Mélanger avec le blanc pour obtenir une sorte de purée.

Appliquer sur le visage. Laisser agir 15 mn.

Rincer avec de l'eau tiède.

A faire 2 fois par semaine.

Une cure comprend 15 applications.

Recommandé pour comédons roses.

13. 1 c. à s. de persil séché ou frais.

Recouvrir le persil avec de l'eau bouillante dans les proportions :

- persil séché : 1 : 10.
- persil frais : 1 : 5.

Laisser infuser 30 mn. Filtrer.

Imprégner une fine couche de coton ou une serviette de gaze pliée plusieurs fois. Appliquer sur le visage. Laisser agir 15 mn.

A faire tous les deux jours.

Une cure comprend 15 applications.

Recommandé dès les premières apparitions de comédons roses.

14. Une tomate.

Couper la tomate en rondelles.

Appliquer sur le visage. Laisser agir 15-20 mn.

Rincer avec de l'eau tiède.
Ou : couper la tomate en deux.
Utiliser pour lotionner régulièrement le visage.
Recommandé pour comédons blancs.

15. 1 c. à s. de jus de tomate.
1 c. à c. de glycérine.
Mélanger le jus et la glycérine.
Utiliser pour lotionner la peau 1 fois par jour.
Recommandé pour éruption de points noirs.

16. Jus de tomate.
Imprégner des compresses de gaze avec le jus. Appliquer sur le visage. Laisser agir 15 mn.
Rincer avec de l'eau tiède.
A faire tous les jours.
Une cure comprend 20 applications.
Recommandé pour comédons roses.
Autre indication : rougeur de la peau.

17. Une tranche de potiron.
Réduire le potiron en purée.
Appliquer sur le visage. Laisser agir 15-20 mn.
Rincer avec de l'eau froide.
Recommandé pour points noirs.
Autres indications : eczéma, brûlures, éruptions d'origines diverses.

Divers problèmes de la peau

Irritation

1. Fécule de pommes de terre.
Utiliser la fécule pour poudrer le visage.
Autre indication : rougeurs.

2. 1 c. à s. de flocons d'avoine.
Recouvrir les flocons d'avoine avec 4 c. à s. d'eau bouillante. Laisser gonfler.
Appliquer sur le visage. Laisser agir 10-20 mn.
Rincer avec de l'eau tiède, puis froide.
Autre indication : peau qui se desquame.

3. 100 ml d'infusion de camomille.
5 ml de glycérine.
Mélanger l'infusion de camomille et la glycérine.
Utiliser pour lotionner la peau matin et soir.
Recommandé pour : peau sèche.

4. Crème nutritive.
1 tomate mûre.
Laver le visage avec un savon neutre ou tout autre produit de toilette adéquat à l'état de la peau. Appliquer une fine couche de crème.
Couper la tomate en rondelles. Appliquer sur le visage.

Recouvrir avec une gaze. Laisser agir 20-30 mn.

Essuyer avec un coton trempé dans de l'eau froide.

A une action nutritive. Apporte des vitamines nécessaires à la peau.

Recommandé pour peau sèche.

Autre indication : peau grasse aux pores dilatés.

5. 1 c. à s. de fenouil.

1 c. à s. de pétales de roses ou de sauge.

Mélanger le fenouil et les roses. Recouvrir avec 1 1/2-2 verres d'eau bouillante. Laisser infuser 2 h. Filtrer.

Utiliser pour lotionner la peau plusieurs fois par jour.

Autre indication : peau sensible, peau aux pores dilatés.

Rougeurs

1. 2 c. à s. de jus de pastèque.

2 c. à s. de jus de concombre.

Mélanger les deux jus.

Utiliser pour lotionner la peau plusieurs fois par jour.

Autres indications : brûlures, peau très sale.

2. Choucroute.

Hacher la choucroute. Appliquer sur le visage.

Laisser agir 20 mn.

Rincer avec de l'eau tiède.

Autre indication : brûlures.

3. 1 pomme.

1 jaune d'œuf.

Lait.

Eplucher la pomme. Râper.

Ajouter le jaune d'œuf et le lait de façon à obtenir une sorte de purée.

Appliquer sur le visage. Laisser agir 20 mn.

Rincer avec de l'eau tiède.

Recommandé pour peau ayant tendance à devenir rouge au changement de température.

Dermatites, eczéma, etc.

1. 1 c. à s. de racine de bardane.

Saindoux.

Recouvrir la bardane avec 1 verre d'eau bouillante. Faire évaporer l'eau au bain-marie.

Mélanger la masse obtenue avec le saindoux dans les proportions 1 : 4. Mettre dans un petit pot.

Conserver au frais.

Autre indication : brûlures.

2. Infusion ou décoction de prêle.

Utiliser l'infusion ou la décoction de prêle pour lotionner régulièrement la peau.

Compresses : imprégner une compresse. Appliquer sur le visage. Laisser agir 20-30 mn en renouvelant l'application quand la compresse commence à sécher.

Autres indications : accélère la cicatrisation des plaies et des furoncles ; stoppe l'hémorragie du nez.

Séborrhée

1. Feuilles d'aloès.

Réduire en purée les feuilles d'aloès. Recouvrir 2 c. à s. de cette purée avec 1/4 de verre d'eau bouillante. Faire bouillir 10-15 mn. Filtrer.

Utiliser pour lotionner régulièrement le visage.

Bains

Peau sèche

1. 100 ml de décoction de camomille.
100 ml d'infusion de rose.
Quelques gouttes d'huile d'amande.
Mélanger tous les ingrédients.
Ajouter le mélange à l'eau du bain.
Durée du bain : 15-20 mn.

2. 100 ml de décoction de graines de lin.
100 ml de décoction de camomille.
Ajouter les deux décoctions à l'eau du bain.
Durée du bain : 10-15 mn.

3. 300 g de mouture d'amande.
Mettre la mouture d'amande dans un sachet de gaze.
Mettre le sachet dans l'eau chaude du bain.
N.B. Un sachet suffit pour 2-3 bains.
Autres indications : peau grenue, peau irritée ou enflammée, calme les démangeaisons.

4. 2-3 c. à s. de flocons d'avoine.
Mettre les flocons d'avoine dans un sachet de gaze ou en tissu.

Mettre le sachet directement dans l'eau du bain ou le placer sous le robinet de façon à ce que l'eau chaude coule à travers lui dans le bain.

N.B. Un sachet suffit pour 2-3 bains.

Autres indications : peau irritée ou enflammée, calme les démangeaisons.

5. 2 c. à s. d'huile d'amande.
2 c. à s. d'huile de rose.
Ajouter l'huile d'amande et l'huile de rose à l'eau du bain.
Rend la peau très veloutée.

Pour peau irritée, enflammée

1. 1/2 verre de jus de plantain.
1/2 verre d'alcool à 20°.
Mélanger le jus de plantain et l'alcool.
Ajouter à l'eau du bain.
Durée du bain : 15-20 mn, température de l'eau : 36°-37°.

Peau d'orange

1. 250-500 g d'amidon.
Facultatif : 1 c. à s. d'extrait de pin.
Délayer l'amidon avec 2-5 l d'eau froide.
Facultatif : ajouter l'extrait de pin.
Ajouter à l'eau du bain.
Durée du bain : 15 mn ; température : 37°-38°.
A un effet très bénéfique sur la peau. Lisse et rend veloutée.
Recommandé pour peau qui se desquame, peau "d'orange".

2. 0,5 l d'infusion (2 verres) de flocons d'avoine.

1 c. à s. d'extrait de pin.

Mélanger l'infusion d'avoine et l'extrait de pin.

Ajouter à l'eau du bain.

Lisse la peau.

Après le bain appliquer une crème ou un lait pour le corps.

3. 1 l de lait.

200 g de miel.

2 c. à s. d'huile de rose.

Faire chauffer (sans faire bouillir) le lait. Faire chauffer séparément au bain-marie le miel.

Délayer le miel avec le lait. Ajouter l'huile de rose.

Ajouter le mélange à l'eau du bain.

Rend la peau douce, veloutée et lisse.

Peau flétrie, flasque

1. 1 kg de prêle fraîche ou 250 g de prêle séchée.

Recouvrir la prêle fraîche avec 3-4 l d'eau froide. Laisser infuser 5-10 mn. Faire bouillir 5 mn. Laisser infuser à nouveau 10 mn. Filtrer.

Ou : Recouvrir la prêle séchée avec 3 l d'eau bouillante. Laisser infuser 30 mn. Filtrer.

Ajouter à l'eau du bain.

Durée du bain : 20-30 mn ; température de l'eau : 36°-37°.

A faire une fois par semaine au moins 2 h après le dîner et 1 h-1 h 30 avant le coucher.

Se laver avant le bain et ne pas se rincer après le bain.

A faire une fois par semaine.

Améliore la circulation sanguine.

Bains tonifiants

1. 250 g d'ortie.

Recouvrir l'ortie avec 1 l d'eau. Faire bouillir 15-20 mn. Filtrer.

Ajouter à l'eau du bain en comptant 50-75 ml pour 1 l d'eau.

Durée du bain : 20-25 mn ; température : 35°-36°.

Autres indications : peau irritée, fièvre.

2. 400 g d'ortie.

100 g de souci

Mélanger les plantes. Recouvrir avec 2 verres d'eau bouillante. Laisser infuser 24 h. Filtrer.

Ajouter à l'eau du bain

Ou : utiliser pour lotionner la peau du corps. A faire tous les jours.

3. 3-5 c. à s. de menthe.

Mettre la menthe dans un sachet de gaze.

Suspendre le sachet sous le robinet de façon à ce que l'eau chaude coule à travers lui dans le bain.

4. 1 kg d'absinthe fraîche ou 250 g d'absinthe séchée.

Recouvrir l'absinthe fraîche avec 3-4 l d'eau froide. Laisser infuser 5-10 mn. Faire bouillir 5mn. Laisser infuser à nouveau 10 mn. Filtrer.

Ou : Recouvrir l'absinthe séchée avec 3 l d'eau bouillante. Laisser infuser 30 mn. Filtrer.

Ajouter à l'eau du bain.

Durée du bain : 20-30 mn ; température de l'eau : 36°-37°.

Se laver avant le bain; ne pas se rincer après le bain.

A faire une fois par semaine au moins 2 h après le dîner et 1 h-1 h 30 avant le coucher.

Améliore la circulation sanguine

Recommandé surtout pour les personnes ayant tendance à se fatiguer rapidement.

Autre indication : peau flasque.

5. 3 c. à s. de thé .

Recouvrir le thé avec 1 verre d'eau bouillante. Laisser infuser 10 mn. Filtrer.

Ajouter à l'eau du bain.

N.B. La baignoire peut prendre une teinte marron clair à la suite de ce bain. Prévoir un produit nettoyant assez fort.

Autre indication : donne à la peau une teinte bronzée.

Bains relaxants

1. 100 g de tilleul.

Recouvrir le tilleul avec 2 l d'eau froide. Laisser infuser 5-10 mn. Faire bouillir 5 mn. Laisser infuser à nouveau 10 mn. Filtrer.

Ajouter à l'eau du bain.

Durée du bain : 20 mn ; température de l'eau : 37°.

Se laver avant le bain. Ne pas se rincer à la fin du bain. A faire 1 fois par semaine.

Aide lors des insomnies, calme le système nerveux, détend.

2. 2 laitues.

Recouvrir les laitues d'eau bouillante. Faire bouillir à feu doux 20 mn. Filtrer. Ajouter à l'eau du bain.

Recommandé pour les insomnies.

3. 0,2-1 kg de fenouil (partie verte) suivant la quantité d'eau dans le bain.

Recouvrir le fenouil avec 3-5 l d'eau bouillante. Laisser infuser 30 mn. Filtrer.

Ajouter à l'eau du bain.

Durée du bain : 15-20 mn ; température de l'eau : 37°-38°.

Bains hydratants

1. 1 kg de pissenlit séché ou 2 kg de pissenlit frais.

Recouvrir le pissenlit avec 4-5 l d'eau froide. Laisser infuser 10 mn. Faire bouillir 5 mn. Laisser infuser 10 mn. Filtrer.

Ajoputer à l'eau du bain.

Durée du bain : 15-20 mn ; température du bain : 36°-39°.

Régularise la balance en eau (taux hydraulique) de la peau.

Savon

1. 3-4 poignées de flocons d'avoine.

Recouvrir les flocons d'avoine avec 1,5-2 l d'eau bouillante. Laisser infuser 2-3 h. Ajouter encore 1,5-2 l d'eau. Faire chauffer. Filtrer.

Ajouter à l'eau du bain.

Transpiration excessive

Visage

1. Une rondelle de citron.

Utiliser la rondelle de citron pour lotionner la peau du visage.

A faire 2-3 fois par jour en été.

Recommandé pour la peau du visage qui a tendance en été à transpirer d'une façon excessive et à briller.

2. 1/2 c. à s. de pas-d'âne.

1/2 c. à s. de millefeuille.

Mélanger les plantes. Recouvrir avec 1 verre d'eau bouillante. Laisser infuser 7-8 h. Filtrer.

Utiliser pour lotionner la peau du visage.

A faire plusieurs fois par jour en été.

Recommandé pour la peau du visage qui a tendance à briller en été et à transpirer d'une façon excessive.

Autre indication : peau grasse.

Aisselles

1. 1 c. à s. de bourgeons de bouleau.

5-10 c. à s. d'alcool.

Recouvrir les bourgeons de bouleau avec l'alcool. Laisser macérer à l'abri de la lumière 10 jours. Filtrer.

Utiliser pour lotionner les aisselles.

A faire 1-2 fois par jour.

2. 1 c. à s. de feuilles de noyer.

5 c. à s. d'alcool.

Recouvrir les feuilles de noyer avec 5 c. à s. d'alcool. Laisser macérer à l'abri de la lumière 10 jours. Filtrer.

Avant emploi délayer la teinture avec de l'eau dans les proportions 1 : 1 ou 1 : 2.

Utiliser pour lotionner les aisselles.

A faire 1-2 fois par jour.

3. 6 c. à s. de camomille.

2 c. à s. de bicarbonate de soude

Recouvrir la camomille avec 2 l d'eau bouillante. Laisser infuser 1 h. Filtrer. Ajouter le bicarbonate de soude.

Utiliser pour lotionner les aisselles.

Autre indication : transpiration de l'aine, sous la poitrine.

4. 1 c. à s. de millefeuille (herbe).

1 verre d'alcool à 40°.

Recouvrir le mille-feuille avec l'alcool. Laisser macérer à l'abri de la lumière 7-10 jours. Filtrer.

Utiliser pour lotionner les aisselles.

A faire 1-2 fois par jour.

Mains

1. 50 g d'écorce de chêne.

Recouvrir l'écorce de chêne avec 1 l d'eau bouillante (4 verres). Faire bouillir à feu doux 30 mn. Filtrer.

Ajouter de l'eau de façon à obtenir un liquide d'une couleur de bière brune.

Utiliser pour faire des bains de mains

Durée du bain : 10-15 mn.

A faire tous les jours le soir.

2. 1 c. à s. d'ortie.

1 c. à s. de sauge.

Mélanger les plantes. Recouvrir avec 1 l d'eau bouillante (4 verres). Laisser infuser 20-30 mn. Filtrer.

Utiliser pour faire des bains de mains.

3. 1 c. à s. de jus de citron.

Délayer le jus de citron avec 5 c. à s. d'eau. Utiliser pour lotionner les mains.

A faire 3 fois par jour.

4. 1 c. à s. de glycérine.

1/2 c. à s. de jus de citron.

1/2 c. à s. d'alcool à 40°.

Bien mélanger tous les ingrédients.

Faire pénétrer en massant dans la peau des mains.

A faire après chaque lavage de mains.

Pieds

1. Feuilles fraîches ou séchées de bouleau.

Recouvrir les feuilles de bouleau.

Fraîches : avec de l'eau bouillante dans les proportions 1 : 3.

Sèchées : avec de l'eau bouillante dans les proportions 1 : 10.

Laisser infuser 30 mn. Filtrer.

Utiliser pour faire des bains de mains.

Durée du bain : 10-15 mn.

Bien sécher.

A faire au début 3 fois par semaine. Dès qu'une amélioration est constatée réduire à une fois par semaine. Cesser le traitement lorsque la transpiration est nettement diminuée.

Renouveler en cas de récidive.

Autre indication : transpiration des mains et des poignets, des entre-jambes.

2. 10-20 g d'écorce de chêne.

Facultatif : eau de Cologne.

Mettre l'écorce de chêne dans un récipient en émail. Recouvrir avec 1 verre d'eau. Couvrir. Faire bouillir à feu doux ou au bain-marie 30 mn. Filtrer. Ajouter de l'eau pour obtenir le volume initial.

Facultatif : délayer de moitié avec l'eau de Cologne.

Utiliser pour lotionner les pieds.

Laisser sécher à l'air libre.

Autres indications : transpiration des mains, des aisselles.

3. 1 c. à s. d'écorce.

Broyer l'écorce de façon à obtenir une poudre.

Mettre le matin dans les chaussettes ou le collant.

A faire tous les jours jusqu'à disparition de la transpiration.

4. Jus de citron.

Utiliser le jus de citron pour lotionner les plantes des pieds.

A faire 2-3 fois par jour.

5. 300 g de foin d'avoine.

Recouvrir le foin de 5 l d'eau bouillante. Faire bouillir à feu doux 15 mn. Laisser refroidir. Filtrer.

Réchauffer la moitié de l'infusion jusqu'à une température de 40°-42°.

Utiliser pour faire des bains de pieds chauds et froids en alternance.

Durée du bain chaud : 3 mn ; durée du bain froid : 5 mn. Répéter 4 fois de suite.

A faire 2-3 fois par semaine.

Autre indication : transpiration des mains.

6. 6 c. à s. de camomille.

1 c. à s. de talc.

Recouvrir la camomille avec 2 l d'eau bouillante. Laisser infuser 1 h. Filtrer. Réchauffer jusqu'à une température de 38°-40°.

Utiliser pour faire des bains de pieds.

Durée du bain : jusqu'à ce que l'eau refroidisse.

Bien sécher. Poudrer avec du talc.

7. 2 c. à s. de prêle.

Recouvrir la prêle avec 2 l d'eau bouillante. Laisser infuser 20 mn. Filtrer.

Utiliser pour faire des bains de pieds.

Durée du bain : 15-20 mn ; température : 36°-37°.

A faire tous les jours.

Corps

1. Graines de lin.

Laver les graines de lin. Recouvrir avec de l'eau bouillante dans les proportions 1 : 10. Secouer le mélange pendant 15 mn. Filtrer à travers une gaze.

Imprégner des serviettes ou des compresses de gaze avec l'infusion. Essorer. Appliquer sur les endroits qui ont tendance à transpirer d'une façon excessive. Laisser agir 10 mn.

Renouveler l'application 3-4 fois de suite.

A faire tous les jours jusqu'à disparition de la transpiration.

2. 1 c. à s. de menthe.

Recouvrir la menthe avec 1 verre d'eau bouillante. Laisser infuser 30 mn. Filtrer.

Utiliser pour lotionner le corps.

3. 2 c. à s. de pas-d'âne.

Broyer les feuilles de pas-d'âne dans un moulin à café.

Poudrer les endroits du corps ayant tendance à transpirer excessivement.

A faire plusieurs fois par jour.

4. 1 c. à s. de feuilles de noyer.

Recouvrir les feuilles de noyer avec 2 verres d'eau bouillante. Laisser infuser 15-20 mn.

Utiliser pour lotionner le corps après le bain ou la douche.

Autre indication : bains des pieds et des mains.

5. 1 kg de millefeuille frais (herbe).

Recouvrir le millefeuille avec 3 l d'eau froide. Laisser infuser 10 mn. Faire bouillir 5 mn. Laisser infuser 10 mn. Filtrer.

Utiliser pour lotionner le corps.

6. 1 kg de sauge fraîche ou 25 g de sauge séchée.

Recouvrir la sauge avec 3-4 l d'eau froide. Laisser infuser 5-10 mn. Faire bouillir 5 mn. Laisser infuser à nouveau 10 mn. Filtrer.

Ajouter la décoction à l'eau du bain.

Prendre une douche avant le bain.

Durée du bain : 30 mn. Ne pas se rincer après le bain.

A faire une fois par semaine.

Cors

1. Feuilles d'aloès.
Vaseline.
Hacher les feuilles d'aloès.
Appliquer autour du cor de la vaseline. Protéger la vaseline avec un sparadrap.
Appliquer sur le cor la purée des feuilles d'aloès. Bander. Laisser agir 24 h.
Racler doucement le cor ramolli avec un couteau désinfecté ou une pierre ponce.
Appliquer une crème.
A répéter si nécessaire.

2. 1 pomme de terre.
Vaseline.
Râper la pomme de terre.
Appliquer autour du cor de la vaseline. Protéger la vaseline avec du sparadrap.
Appliquer la purée de pomme de terre sur le cor. Recouvrir avec de la cellophane. Bander. Laisser agir la nuit.
Racler doucement le cor ramolli avec un couteau désinfecté ou une pierre ponce.
Appliquer une crème.

3. 1 citron.
Faire un bain de pieds chaud.

Couper le haut du citron avec un peu de chair. Appliquer sur le cor. Bander fermement. Laisser agir la nuit.

4. Jus de tomate.
Utiliser le jus de tomate pour badigeonner les cors.
A faire tous les jours jusqu'à disparition des cors.

5. 2 gousses d'ail.
1/2 c. à c. de miel.
Râper l'ail. Mélanger avec le miel.
Appliquer en couche épaisse sur les cors. Fixer avec du sparadrap. Laisser agir la nuit.
A faire tous les jours jusqu'à disparition des cors.

6. 2 gousses d'ail.
1/2 c. à c. de beurre.
Faire cuire l'ail au four. Râper. Mélanger avec le beurre.
Appliquer sur les cors. Fixer avec du sparadrap.
Laisser agir la nuit.
Racler doucement le cors ramolli avec un couteau désinfecté ou une pierre ponce.
Appliquer une crème.

Verrues

1. Jus de chou.

Utiliser le jus de chou pour badigeonner les verrues.

A faire 4-5 fois par jour.

N.B. Si le nombre de verrues est important et si elles sont groupées en un seul endroit on peut faire des compresses :

Imprégner une compresse de gaze avec le jus de chou. Essorer légèrement. Appliquer sur les verrues. Recouvrir avec du polyéthylène. Bander. Laisser agir la nuit.

A faire tous les jours jusqu'à disparition des verrues.

2. Pelures de pommes de terre.

Utiliser la pelure de pommes de terre côté intérieur pour badigeonner doucement les verrues.

A faire 4-5 fois par jour jusqu'à disparition des verrues.

3. 1/2 oignon.

Vaseline.

Râper l'oignon.

Appliquer la purée obtenue sur les verrues. Protéger la peau autour avec de la vaseline. Fixer la vaseline avec un sparadrap. Bander. Laisser agir la nuit.

A faire tous les jours avant le coucher jusqu'à disparition des verrues.

4. Un morceau d'oignon.

1/2 verre de vinaigre.

Recouvrir l'oignon avec le vinaigre. Faire macérer 2 h.

Apliquer sur la verrue. Bander fermement. Laisser agir la nuit.

A faire tous les jours jusqu'à disparition des verrues.

5. Jus de tiges de pissenlit.

Utiliser le jus de tiges de pissenlit pour badigeonner les verrues.

A faire 4-5 fois par jour jusqu'à disparition des verrues.

6. 1 c. à s. de sorbe.

Réduire sorbe en purée.

Appliquer sur la verrue. Fixer avec un sparadrap. Laisser agir la nuit.

A faire 8-10 jours de suite.

7. 1 dent d'ail.

Couper la dent d'ail en deux dans le sens de la longueur.

Frotter avec le côté intérieur les verrues.

A faire 4-5 fois par jour.

8. Une lamelle de pomme.

Utiliser la lamelle de pomme fraîchement coupée pour frotter les verrues pendant quelques minutes.

A faire 5-6 fois par jour pendant 3-4 semaines.

Irritation de la peau pendant ou après l'épilation (ou le rasage)

Irritation

1. 1 c. à c. de feuilles de bouleau.

Recouvrir les feuilles de bouleau avec 1/4 verre d'eau bouillante. Laisser infuser 15-20 mn. Filtrer.

Utiliser pour lotionner la peau.

2. 1 c. à s. de menthe.

1 c. à s. de camomille.

Mélanger les deux plantes.

Recouvrir avec 2 verres d'eau froide. Faire bouillir à feu doux 10 mn. Filtrer.

Imprégner une serviette éponge pliée en deux.

Appliquer sur le visage. Renouveler l'application plusieurs fois de suite.

Recommandé pour apaiser la peau après l'épilation ou le rasage.

3. 1 c. à c. de camomille.

Recouvrir la camomille avec 1 verre d'eau bouillante. Laisser infuser jusqu'à ce que l'infusion refroidisse. Filtrer.

Imprégner une compresse de gaze. Appliquer sur l'endroit épilé ou rasé. Laisser agir 15 mn.

Pour assouplir les poils

1. 2-3 c. à s. de pas-d'âne.
Recouvrir le pas-d'âne avec 0,5 l d'eau.
Faire chauffer au bain-marie 30 mn. Filtrer.
Imprégner une compresse de gaze. Appliquer sur l'endroit qui doit être épilé ou rasé. Laisser agir 15-20 mn.

2. 1 c. à s. de menthe.
Recouvrir la menthe avec 2 verres d'eau bouillante. Laisser infuser 20 mn. Filtrer.
Imprégner une compresse de gaze. Appliquer sur l'endroit qui doit être épilé ou rasé. Laisser agir 15-20 mn.

3. 2-3 c. à s. de souci.
Verser 2 verres d'eau dans un récipient en émail.
Porter à ébullition. Ajouter le souci.
Infusion : faire bouillir à feu doux 15 mn.
Décoction : faire bouillir à feu doux 30 mn.
Filtrer avant emploi.
Imprégner une compresse de gaze. Appliquer sur l'endroit qui doit être épilé ou rasé. Laisser agir 20 mn.

4. 2-3 c. à s. de millefeuille.
Recouvrir le millefeuille avec 2 verres d'eau froide. Faire bouillir à feu doux 5-10 mn. Filtrer.
Imprégner une compresse de gaze. Appliquer sur l'endroit qui doit être épilé ou rasé. Laisser agir 20 mn.

5. 2 c. à s. de prêle.
Recouvrir la prêle avec 2 verres d'eau bouillante. Faire bouillir à feu doux 5-10 mn. Laisser refroidir. Filtrer.
Imprégner une compresse de gaze. Appliquer sur l'endroit qui doit être épilé ou rasé. Laisser agir 20 mn.

Brûlures et coups de soleil

Brûlures

1. 1 c. à s. de graines de coing.

Recouvrir les graines de coing avec 1 verre d'eau bouillante. Secouer pendant 5 mn. Filtrer à travers une gaze.

Badigeonner les brûlures 3-4 fois de suite avec des intervalles de 10-15 mn.

A faire 1-2 fois par jour.

2. 4-5 feuilles de chou.

1 blanc d'œuf.

Hacher le chou.

Battre le blanc en neige. Mélanger avec le chou.

Appliquer sur les brûlures. Laisser agir 25-30 mn.

Rincer avec de l'eau tiède.

3. 2 c. à s. de pétales de lilas blanc.

1 verre d'huile d'olive.

Recouvrir le lilas avec l'huile. Laisser macérer à l'abri de la lumière 7 jours. Filtrer.

Utiliser pour badigeonner les brûlures.

4. 1 carotte.

Râper la carotte.

Emballer la purée obtenue dans une gaze.

Appliquer sur la brûlure. Laisser agir au moins 30 mn.
A faire tout de suite après s'être brûlé.
Recommandé pour prévenir l'apparition des cloques.

5. Teinture de souci (achetée en pharmacie).
Imprégner une compresse avec de la teinture de souci.
Appliquer sur la brûlure.
Laisser agir 15 mn en renouvelant si nécessaire.
A faire tout de suite après s'être brûlé.

6. Racines de pissenlit.
Huile

Hacher les racines de pissenlit. Recouvrir avec l'huile dans les proportions 1 : 10. Laisser macérer à l'abri de la lumière 24 h. Faire chauffer au bain-marie 1 h. Filtrer.

Utiliser pour badigeonner les brûlures 3-4 fois de suite avec des intervalles de 20-30 mn.

N.B. Se conserve très bien et peut être préparé en grande quantité à l'avance.

Autre indication : dermatites solaires chroniques.

7. 3 c. à s. de jus de tomate.

Imprégner une compresse de gaze. Appliquer sur les brûlures. Laisser agir 15-20 mn.

A faire 2-3 fois par jour.

8. 1 tranche de potiron.
Réduire la chair de potiron en purée.
Appliquer sur les brûlures. Laisser agir 15-20 mn.
Rincer avec de l'eau tiède.

9. 1 pomme.
Râper la pomme.
Appliquer la purée obtenue sur les brûlures.

Laisser agir 20-30 mn.
Rincer avec de l'eau tiède.
Autres indications : gerçures et gelures.

Coups de soleil

1. 8 c. à s. d'ortie.
Recouvrir l'ortie avec 2 verres d'eau bouillante. Laisser infuser 1 h. Filtrer.
Imprégner une compresse. Appliquer sur les coups de soleil. Laisser agir 15-20 mn. Renouveler si nécessaire.

2. 1 oignon.
Râper l'oignon. Appliquer la purée obtenue sur les coups de soleil.
Laisser agir 20-30 mn.
Rincer avec de l'eau tiède.

3. 1 c. à s. de menthe.
Recouvrir la menthe avec 1 verre d'eau bouillante. Laisser infuser 30 mn. Filtrer.
Imprégner une compresse de gaze. Appliquer sur les coups de soleil. Laisser agir 20 mn en renouvelant l'application si nécessaire.
A faire 2-3 fois par jour.

4. Feuilles de laitue.
Recouvrir les feuilles de laitue avec un peu d'eau.
Faire cuire 5 mn.
Mettre les feuilles cuites sur une serviette de gaze. Appliquer sur le visage. Laisser agir 30 mn.
N.B. On peut utiliser l'eau de cuisson pour lotionner la peau.

5. Feuilles de laitue.

Froisser les feuilles de laitue pour les assouplir.

Recouvrir le visage avec les feuilles lors de bains de soleil.

Recommandé pour rafraîchir la peau et prévenir les coups de soleil.

A faire pendant les bains de soleil.

N.B. Si on veut que le visage soit bronzé, on peut recouvrir uniquement le nez pour l'empêcher de devenir rouge et de peler.

6. 2 c. à s. de fenouil (partie verte).

Recouvrir le fenouil avec 2 verres d'eau. Faire bouillir 5 mn. Filtrer.

Imprégner une serviette de gaze pliée en quatre ou une serviette en lin doux. Appliquer sur le visage. Recouvrir avec une feuille de polyéthylène et par-dessus une serviette éponge. Laisser agir 20 mn.

Rincer avec de l'eau froide.

7. 2 c. à c. de thé.

Recouvrir le thé avec 1/2 verre d'eau bouillante. Laisser infuser 30-40 mn. Filtrer.

Imprégner une compresse de gaze. Appliquer sur les coups de soleil. Laisser agir 20-30 mn.

A faire 2-3 fois par semaine.

Soins de la bouche

Mauvaise haleine

1. 1 c. à s. d'écorce de chêne.

Recouvrir l'écorce de chêne avec 1 verre d'eau bouillante. Faire bouillir au bain-marie 30 mn. Laisser infuser 1 h. Filtrer.

Utiliser pour faire des bains de bouche.

A faire plusieurs fois par jour (après les repas, avant de sortir, etc.)

2. 3 c. à s. de feuilles de framboises.

Recouvrir les feuilles de framboises avec 1 verre d'eau bouillante. Laisser infuser 20-30 mn. Filtrer.

Utiliser pour faire des bains de bouche.

3. 1 c. à s. de feuilles de framboises.

Recouvrir les feuilles de framboises avec 1 verre d'eau froide. Faire bouillir au bain-marie 15-20 mn. Laisser infuser 1 h. Filtrer.

Utiliser pour faire des bains de bouche.

4. 1 c. à s. de menthe.

5-7 gouttes de jus de citron ou de vinaigre.

Recouvrir la menthe avec 1 verre d'eau bouillante. Laisser infuser 1 h. Filtrer. Ajouter le jus de citron.

Utiliser pour faire des bains de bouche.

A faire après chaque repas après s'être brossé les dents.

5. 1 c. à s. d'absinthe.

Recouvrir l'absinthe avec 1 verre d'eau bouillante. Laisser infuser 1 h. Filtrer.

Utiliser pour faire des bains de bouche.

A faire 4-6 fois par jour.

6. 1 c. à c. de camomille.

Recouvrir la camomille avec 1 verre d'eau bouillante. Laisser infuser 2 h. Filtrer.

Utiliser pour faire des bains de bouche.

A faire après chaque repas après s'être brossé les dents.

Lèvres

1. 1 c. à s. de graines de lin.

Recouvrir les graines de lin avec 1 verre d'eau bouillante.

Faire cuire jusqu'à obtention d'une masse de consistance d'une purée visqueuse.

Appliquer la purée obtenue sur les lèvres.

Faire pénétrer en massant. Enlever le surplus.

Nourrit et répare les lèvres gercées.

2. Jus de carotte.

Lotionner les lèvres avec le jus de carotte.

Nourrit, hydrate les lèvres.

Leur donne une jolie couleur.

3. Pétales d'une rose.

1 c. à s. de saindoux.

Broyer les pétales de la rose. Mélanger avec le saindoux.

Recommandé pour les lèvres sèches ou gercées.

MIEL

Visage gonflé, œdémateux

1. 1 c. à s. de pétales fraîches de rose.

Recouvrir les pétales de rose avec 1 verre d'eau bouillante. Laisser infuser 1 h. Filtrer.

Imprégner une compresse de gaze. Appliquer sur le visage. Laisser agir 30 mn en renouvelant l'application quand la compresse commence à sécher.

Autre indication : irritations diverses de la peau.

2. 1 pomme de terre.

Eplucher la pomme de terre. Râper.

Mettre la purée obtenue entre deux couches de gaze.

Appliquer sur le visage. Laisser agir 15-20 mn.

Rincer avec de l'eau tiède.

Lisse, adoucit, hydrate et tonifie la peau.

Autre indication : peau sensible, ayant tendance à s'irriter, rides.

3. 2 c. à s. de chaïr de potiron.

1/2 c. à c. de miel.

Recouvrir le potiron avec un peu d'eau. Faire cuire. Réduire en purée. Ajouter le miel.

Mettre le mélange tiède sur une gaze. Appliquer sur le visage. Recouvrir avec une serviette éponge. Laisser agir 20 mn.

Rincer avec de l'eau froide.

A faire le matin ou le soir tous les deux jours.
Une cure comprend 3-4 applications.

4. 1 c. à s. de thé.

Recouvrir le thé avec 1 verre d'eau bouillante. Laisser infuser 30 mn. Filtrer en jetant l'eau et en gardant le thé.

Mettre le thé sur une compresse de gaze. Appliquer sur le visage. Laisser agir 15-20 mn.

Rincer avec de l'eau tiède. Ne pas appliquer de crème.

Double menton

1. 1 c. à s. de graines de lin.
1 verre de lait.
Recouvrir les graines de lin avec le lait.
Faire cuire jusqu'à obtention d'une sorte de purée.
Mettre la purée obtenue sur une serviette en tissu.
Appliquer sur le menton. Laisser agir 30 mn.
Rincer avec de l'eau froide.
Appliquer une crème raffermissante.
A faire tous les jours avant de se coucher.

Rougeurs du nez au froid

1. 1-2 c. à s. de tilleul.
Recouvrir le tilleul avec 2 verres d'eau bouillante.
Faire bouillir à feu doux 5-10 mn. Laisser refroidir. Filtrer.
Réchauffer légèrement.
Utiliser pour lotionner le nez.
A faire matin et soir.
N.B. Eviter de le faire juste avant de sortir.

2. 1-2 c. à s. de camomille.
Recouvrir la camomille avec 1 verre d'eau froide.
Faire bouillir à feu doux 10 mn. Laisser refroidir. Filtrer.
Réchauffer la moitié jusqu'à une température de 40°.
Utiliser pour faire des compresses chaudes-froides en alternance :
– durée des compresses chaudes : 2 mn ;
– durée des compresses froides : 5 mn.
Répéter 6-7 fois de suite.
A faire 2-3 fois par semaine.

Bronzage

Protection de la peau contre le bronzage

1. 3-5 rondelles de citron.

Recouvrir les tranches de citron avec 2 verres d'eau froide. Laisser macérer la nuit.

Utiliser cette eau citronnée pour laver le visage.

A faire tous les jours. Commencer environ 15 jours avant l'exposition au soleil et poursuivre tout le long de la période d'exposition.

2. Graines de concombre.

Alcool à 40°.

Recouvrir les graines de concombre avec l'alcool dans les proportions 1 : 10. Laisser macérer à l'abri de la lumière 15 jours. Filtrer. Avant emploi délayer avec de l'eau dans les proportions 1 : 10.

Utiliser pour lotionner le visage.

Ou : imprégner une compresse de gaze avec l'infusion. Appliquer sur le visage. Laisser agir 5-10 mn.

A faire tous les jours jusqu'à obtention du résultat désiré.

Recommandé pour blanchir la peau bronzée.

3. 2-3 tiges du persil.

Hacher les tiges du persil.

Recouvrir avec 1 verre d'eau bouillante. Laisser infuser 12 h. Filtrer.

Utiliser pour lotionner ou laver le visage.

A faire tous les jours. Commencer environ 15 jours avant l'exposition au soleil et poursuivre tout le long de la période d'exposition.

4. 1 c. à s. de thé.

Recouvrir le thé avec 1 verre d'eau bouillante. Laisser infuser 30-40 mn. Filtrer.

Utiliser pour lotionner les parties découvertes du corps avant de sortir.

Pour un meilleur et plus rapide bronzage

1. Huile de noix.

Utiliser l'huile de noix pour lotionner et enduire généreusement la peau.

A faire plusieurs fois par jour, surtout avant l'exposition au soleil.

Pour avoir un teint bronzé

1. 2 c. à s. de jus de carotte.

1 c. à s. de vaseline.

Mélanger le jus de carotte et la vaseline.

Utiliser pour lotionner le visage.

A faire matin et soir.

2. 1 c. à c. de thé.

Recouvrir le thé avec 1/4 de verre d'eau bouillante. Faire bouillir à feu doux 2-3 mn. Filtrer.

Utiliser pour lotionner le visage le matin.

A faire matin et soir.

Se conserve au réfrigérateur 48 h. Agiter avant emploi.

LISTE DES MARQUES N'EFFECTUANT PAS DE TESTS SUR LES ANIMAUX

A l'heure où cette liste a été dressée, les marques non citées n'avaient pas donné l'assurance qu'elles cessaient les expérimentations sur les animaux. Toutefois, les mentalités évoluant – souvent sous la pression des consommateurs – il est conseillé d'écrire directement à la marque non citée qui vous intéresse afin de savoir si elle n'est pas passée dans le "bon camp". Une réponse par écrit et lisiblement signée doit obligatoirement vous être fournie.

COSMETIQUES

Alycée
Andora-France
Annemarie Börlind
Annick Goutal
Aramis
Argiletz
Arcancil
Attentive
Beauty without cruelty
Benetton
Bernard Marionnaud
Biocosma
Body Nature
Bourjois
Chanel
City
Clarins
Clinique
Coudray Parfumeur
Courrèges Parfums
Crabtree & Evelyn
David Hill

Denivit
Diadermine
Diproma
Dorith Renoldi
Douce Nature
Dr Hauschka
Dr Pierre Ricaud
Estée Lauder
Fa
Franka M. Berger
Givenchy
Goldwell*
Hakawerk
Harmonie Verte
Herbatint*
Jacomo
Jacques Fath
Jean d'Avèze
Jean Desprez
Jeanne Gatineau
Keimdiat-Dr Grandel
Laboratoire Adam
Laboratoires Asepta
Laboratoires Kisby
Laboratoire Saint-Benoit
Laboratoire Serayet-Wild
La Vie Claire
L.B.C.
Lise du Castelet
L'Occitane
Logona
L.T. Piver
Maria Galland
Martha Hill

Mill Creek
Mont-Saint-Michel
Neutrogena
Pierre Balmain*
Pierre Cattier
Piz Buin
Produits du Dr Valnet
"Les Cosmétiques" Carrefour (visage et corps)
Référence
René Garraud
Revlon*
Roc
Scorpio
Sebamad
Sebastien*
Seventeen
Sibe Pur Air
Sun way
Swisscare
Teraxyl
Thalgo
Vademecum
Ultima II
Vegetal Color*
Vert Secret
Vie et Santé
Weleda
Yves Rocher
Yves Saint-Laurent

* dont teintures et permanentes pour cheveux

Sont à éviter également les produits cosmétiques contenant certaines substances comme l'huile de vison, le musc de chevrotain, la civette, le castoreum, le blanc de baleine... qui proviennent des souffrances infligées aux animaux.

ENTRETIEN MENAGER

Biofa
Biolav
Bufalo Sport
Douce Nature
Ecover
Enablitz
Erdal cirage
Glanzer
Hakawerk
La Vie Claire
Lerutan
Luminance
Maison Verte
Rainett
Renovoile
Tuba
Waxa

Cet ouvrage a été imprimé
sur presse Cameron
par **Bussière Camedan Imprimeries**
à Saint-Amand-Montrond (Cher)
en septembre 1997

– N° d'impression : 1/2353. –
Dépôt légal : septembre 1997.

Imprimé en France